들으면서 이해하는

정중화

실용음악이론

세광음악출판사

필자는 서울예술대학교에서 십 수년간 학생들을 가르쳐 오면서 개인 악기나 노래를 뛰어나게 잘하는 학생들이 의외로 음악의 기초가 부족하다는 것을 알게 되었다. 이에 음악 전공 학생들을 위한 이론서를 꼭 집필해야겠다는 마음을 먹고 시간이 없다는 핑계로 몇 년을 못 쓰다가 올해까지 미루면 정말 안 되겠다 싶어서 이 교본을 쓰게 되었다.

이 책은 필자의 아버지이신 정성조 교수님이 쓴 책을 다시 보완한 것으로, 내용은 비슷하나 좀 더 기본에 충실한 말 그대로 연주인이면서 기본적인 이론이 약한 모든 이들에게 필요한 교본이라고 할 수 있겠다.
실용음악의 특성상 재즈 스탠다드로 많이 예를 들었는데, 저작권이 허락하지 않는 경우에는 필자가 코드를 응용해서 곡을 쓰고 그 곡을 녹음하였다. 악보를 보는 것과 듣는 것을 병행한다면 더 좋은 공부가 되리라 생각해서 녹음하였다. 많은 스탠다드 곡을 외우고 그 코드 진행을 익혀서 솔로는 물론이고 나아가서 자신의 곡에 응용하는 작업을 꼭 하기 바란다.

아쉽게도 많은 음악인들이 음악이론을 그냥 한번 배우고 잊어버리는 경우를 많이 보게 된다. 음악은 어디까지나 귀로 하는 것이므로 이 책에 수록된 모든 곡들을 자신의 악기와 나아가서 코드 악기(피아노, 기타 등)로 연주해 보고 그 소리와 색깔 등을 익혀서 꼭 자신의 곡에 응용할 수 있는 능력을 키워 나갔으면 한다. 특히 단선율 연주자(노래 포함)들은 코드에 많은 부분 시간을 할애하지 않는 경향이 있어서 음악을 듣고도 코드를 잘 모르는 경우를 보게 된다. 여기 있는 곡들을 같이 녹음한 음원으로 들으면서 코드를 알아 간다면 자신도 모르는 사이에 안 들렸던 코드들이 들리는 기적 아닌 기적을 경험할 수 있으리라 확신한다.

다시 한번 말하지만, 모든 이론은 자신의 곡에 응용하지 않으면 의미가 없다. 이론을 하나 배우고 그 이론에 맞는 곡을 써보는 습관을 들이면 나중에 그만큼 재산이 될 것이다.
더 많은 예를 들을 수도 있었지만, 장르가 다를 수도 있고, 가르치는 선생님에 따라서 더 좋은 예가 있을 수도 있을 것 같아서 그 부분은 수업을 이끄는 선생님의 몫으로 남긴다.

나의 유일한 첫 스승이자 지금은 돌아가신 아버지 정성조 선생님과 대학원 시절 많은 가르침을 주셨던 Mike Mossman 교수에게 마음을 담아 감사드리고 싶다. 책을 쓰라고 많이 독려해 준 내 아내에게도 고마운 마음을 전한다.
이 책으로 공부해서 많은 학생들이 어렵다고만 생각하는 음악이론에 쉽게 다가갈 수 있으면 좋겠다.

서울예술대학교 음악학부 실용음악전공 교수 정 중 화

차례

제1장

기초 편

제2장

화음 진행
(Chord Progression)

제1장

기초 편

이 장에서는 기본적인 음정과 기본 화음의 구성, 그리고 표기법을 다룬다.

음정(Interval)

음정이란 두 음 간의 간격을 말한다.

실용음악에서는 되도록 간단하게 음정을 표기한다. 겹음정이나 겹겹음정 등은 꼭 필요하지 않은 경우 외에는 쓰지 않는다. 단번에 이해하지 못하는 이론을 위한 이론은 실제 연주에서 제때 응용되기 어렵기 때문이다. 또한 생각하는 음정을 장, 단, 증, 감, 완전 음정으로도 충분히 나타낼 수 있기 때문이다.

아래 **예 1-1** 과 같이 3음과 4음 사이, 7음과 8음 사이가 반음이고, 나머지 음 사이는 온음인 음계를 **장음계(Major Scale)**라고 한다.

오선 위에 같은 간격으로 보이는 각 음 간의 사이는 온음과 반음으로 이루어져 있으며, 그 온음과 반음의 위치를 바꾸면서 다른 음계가 이루어진다.

예 1-1

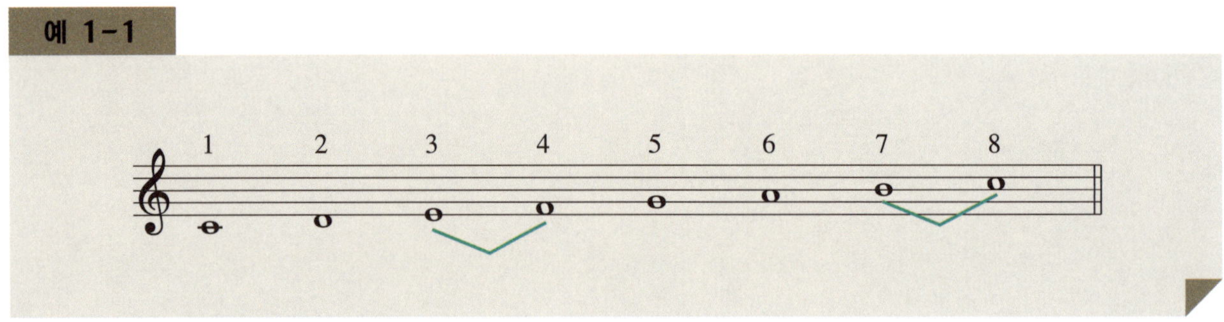

온음은 장2도, 반음은 단2도라고 한다.

3도는 장3도, 4도와 5도는 완전4도, 완전5도, 6도는 장6도, 7도는 장7도라고 한다.

이것이 **기본 음정**이며, 만약 음에 ♯이나 ♭이 붙으면, 그 두 음 사이의 간격이 늘어나거나 줄어든다.

음정을 계산할 때, 유니즌(Unison)은 1도로 본다. 다음은 2~7도로 이루어지며, 8도는 옥타브(Octave)로 불린다.

예 1-2

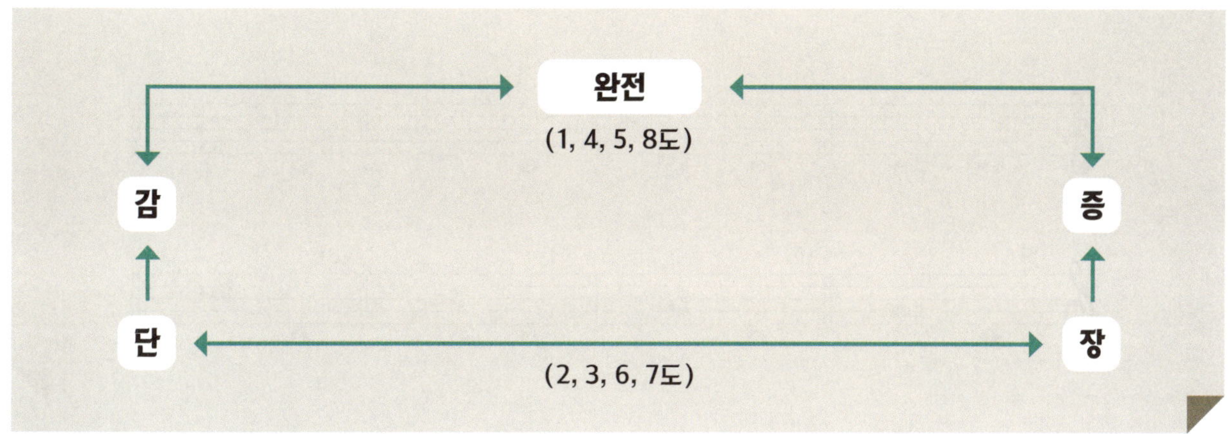

단음정에서 반음이 늘어나면, 장음정이 된다.
장3도에서 반음이 늘어나면, 완전4도와 같다.
완전4도에서 반음이 늘어나면 증4도, 완전5도에서 반음이 늘어나면 증5도(단6도)가 된다.
장음정에서 반음이 줄어들면 단음정, 완전4도에서 반음이 줄어들면 장3도, 완전5도에서 반음을 줄이면
감5도(증4도), 단3도에서 반음을 줄이면 감3도(장2도)가 된다.

음정을 되도록 쉽게 실음 위주로 표기하였다.
다음 음정을 살펴보자.

예 1-3

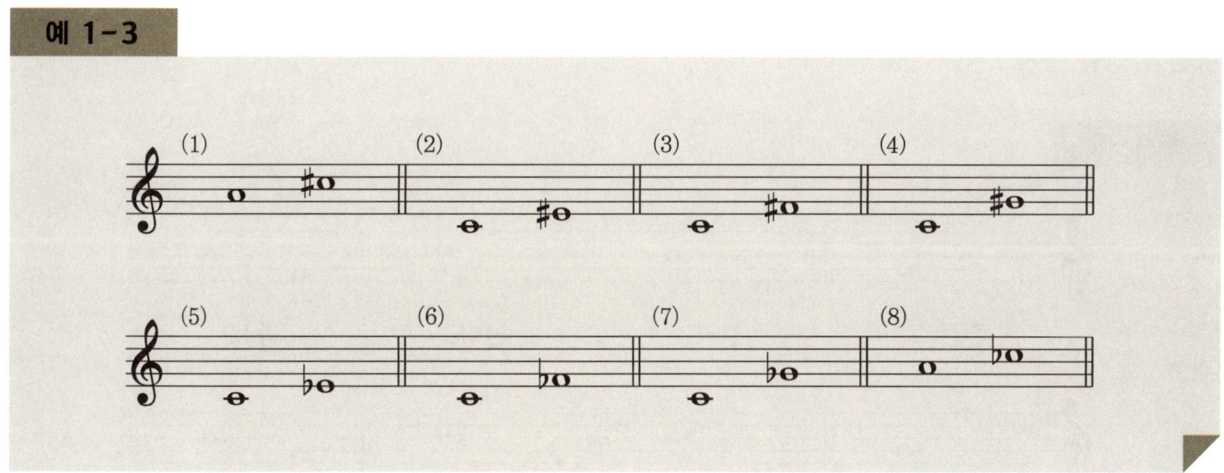

(1) '도'음에 ♯이 붙기 전에 단3도였으나, ♯이 붙으면서 반음이 늘어나 장3도가 된다.

(2) 장3도에서 반음이 늘어나 완전4도와 같다.

(3) 완전4도에서 반음이 늘어나 증4도가 된다.

(4) 완전5도에서 반음이 늘어나 증5도가 된다.

(5) 장3도에서 반음이 줄어들어 단3도가 된다.

(6) 완전4도에서 반음이 줄어들어 감4도, 즉 장3도가 된다.

(7) 완전5도에서 반음이 줄어들어 감5도가 된다.

(8) 단3도에서 반음이 줄어들어 감3도, 즉 장2도가 된다.

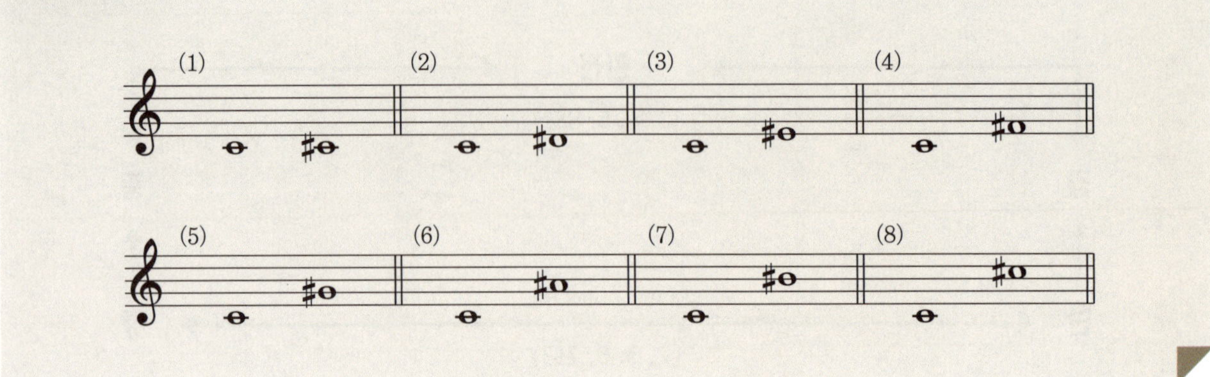

(1) 완전1도에서 반음이 늘어나 증1도 또는 단2도로 생각할 수 있다.
(2) 장2도에서 반음이 늘어나 증2도 또는 단3도로 생각할 수 있다.
(3) 장3도에서 반음이 늘어나 증3도 또는 완전4도로 생각할 수 있다.
(4) 완전4도에서 반음이 늘어나 증4도가 된다.
(5) 완전5도에서 반음이 늘어나 증5도 또는 단6도로 생각할 수 있다.
(6) 장6도에서 반음이 늘어나 증6도 또는 단7도로 생각할 수 있다.
(7) 장7도에서 반음이 늘어나 증7도 또는 완전8도(옥타브)로 불린다.
(8) 완전8도에서 반음이 늘어나 증8도 또는 단9도로 생각할 수 있다.

다음 음정을 살펴보자.

다시 한번 강조하지만, 음정은 되도록 쉽게 표기한다.
그 대신, 각 음 사이의 거리를 분명히 느껴야 한다.
오선지 위에 음정만 계산하지 말고, 어떤 음에서 시작해서 본인이 필요하다고 생각하는 음을 곧바로 정확하게 떠올릴 수 있어야 한다. 즉, 본인이 생각하는 음정을 실제 소리로 떠올려야 한다는 것이다.

※ 앞으로 음정을 다음과 같이 약자로 표시한다.

장 (Major)	단 (Minor)	증 (Augmented)	감 (Diminished)	완전 (Perfect)
M	m	aug	dim	P

음정	도수	반음 개수
장	2도	X
단		1개
장	3도	X
단		1개
장	6도	1개
단		2개
장	7도	1개
단		2개

음정	도수	반음 개수
완전	1도 (같은 음)	X
완전	4도	1개
감		2개
증		X
완전	5도	1개
감		2개
증		X
완전	8도 (옥타브)	2개

1. 다음 기준 음에 주어진 음정을 큰소리로 소리내보자.

   (1) C　　　P5th　　　　　　(2) D♭　　　m3rd

   (3) G♭　　aug4th　　　　　　(4) F　　　P5th

   (5) A　　　dim5th　　　　　　(6) A♭　　P4th

   (7) D　　　m6th　　　　　　(8) E♭　　aug4th

   (9) F♯　　aug4th　　　　　　(10) A♯　　M6th

   (11) D♯　　dim5th　　　　　　(12) G♯　　P4th

2. 다음은 기준 음에서 같은 간격의 음정으로 위의 음과 아래 음을 표기한 것이다.
음정을 구별해보자.

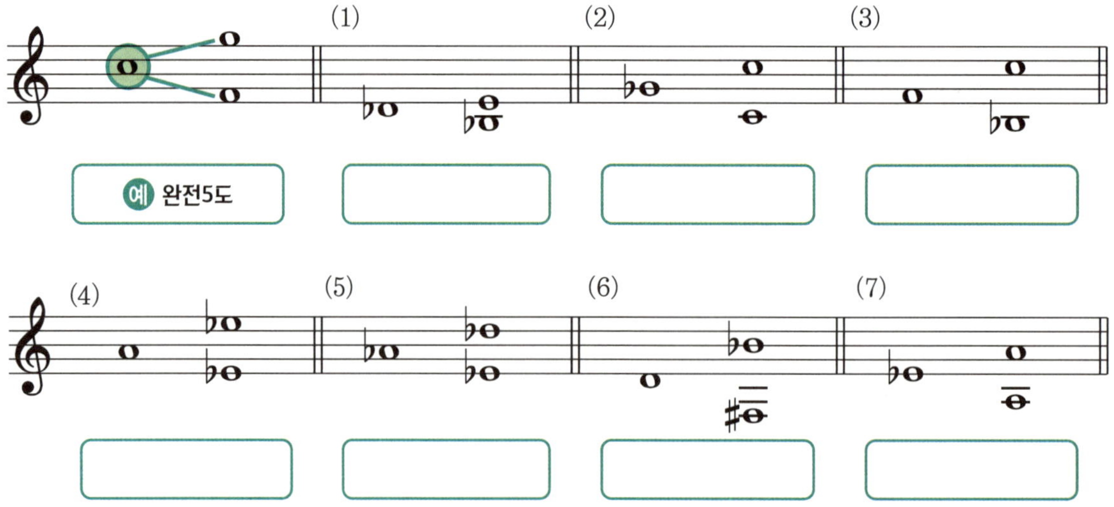

02 배음(Overtone)

음악은 소리로 이루어져 있다.
우리가 들을 수 있는 소리는 자연현상에 의해서 다른 소리를 같이 울리게 한다.
지구가 자전하는 어마어마한 소리를 들을 수 없다는 것이 정말 다행인 것처럼, 우리의 귀는 제한된 소리만을 들을 수 있다.

진공관의 발진음 같이 만들어진 순수한 소리 외에는 어떤 소리든 따라서 울리는 소리가 있으며, 따라 울리는 소리를 미리 생각해서 응용하는 것이 화성이 된다.
즉, 아무 음이나 마음대로 골라 쓰는 것이 아니고, 자연현상에서 울리는 음들만을 골라 쓰는 것이다.

음악 이론이나 악보를 모르는데도 훌륭한 연주를 하는 이들을 가끔 볼 수 있는데, 오랜 세월 동안 자신이 느낀 자연현상을 터득했기 때문이라 보여진다.
또 고전음악 작곡가들이 오랫동안 쌓이고 모여진 자연현상에서의 어울림을 경험한 것을 체계화한 것이 화성법이라고 볼 수 있겠다.

배음은 피아노의 폐달을 밟고 C2음을 소리 냈을 때, 따라 울리는 소리들을 나타낸다(물론 귀로 들을 수는 없는 소리들이다).
배음은 아래쪽으로 내려갈수록 넓은 간격의 음정이 되고, 위로 올라 갈수록 그 간격은 좁아진다. 이것은 모든 성부 배치의 원칙이며, 이 원칙에서 벗어날 때는 듣기 좋은 소리를 기대할 수 없다.
그래서 낮은 음역에서 너무 좁은 음정을 쓴다거나, 높은 음역에서 너무 넓은 음정을 쓰게 되면, 균형이 안 맞는 느낌을 준다.

배음이라는 자연현상을 통해 따라 울리는 소리를 듣지는 못해도 예견할 수는 있다.
배음은 다음과 같이 정확한 음정을 내는 것은 아니지만, 실제 자연현상과 가장 비슷한 소리를 음정으로 표시한 것이다.

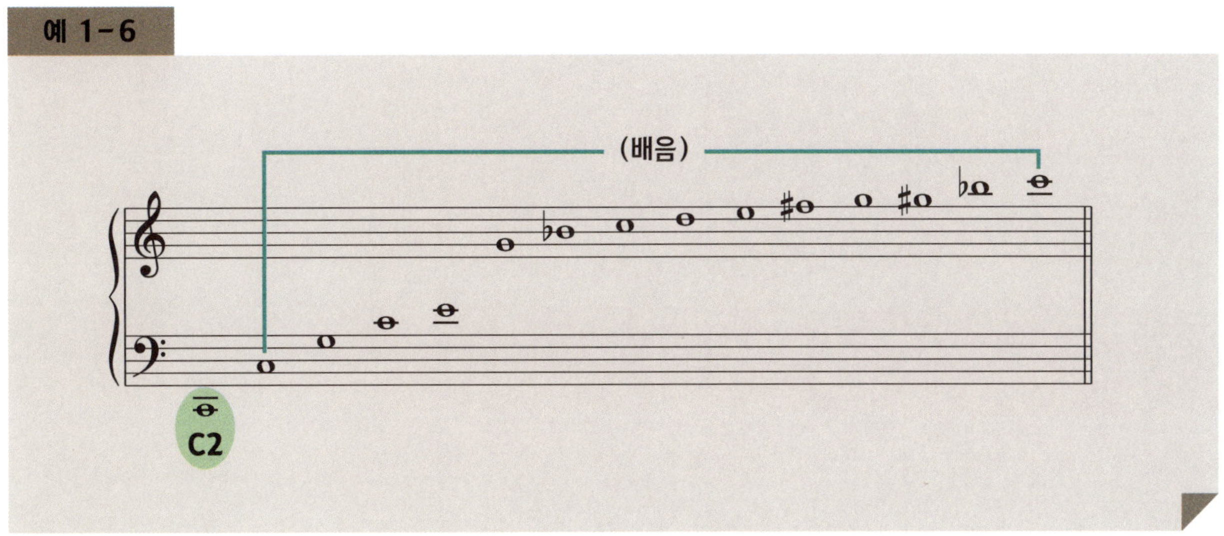

어울리는 소리들은 주로 피아노의 중간 음역대에서 3도로 나타난다.
너무 낮은 음역의 3도 화음이나 너무 높은 음역의 3도 화음이 아름답지 않게 들리는 이유는 바로 자연현상에 거슬리기 때문이다.
하지만 그것들도 악기의 배치에 따라 효과적으로 쓸 기회를 가지며, 사용자만의 개성 있는 소리를 만들 수도 있다. 바로 그것이 각 편곡자들이 자신의 특성에 따라 다른 소리를 만들어 낼 수 있는 방법이며, 듣는 이들이 특징 있게 느끼게 하는 길이다.

배음의 원칙은 음악의 기본이지만, 응용하기에 따라 아주 어려운 경지의 음악에서도 응용된다.
즉, 자연현상이라는 그 누구도 거스를 수 없는 절대적인 방법이 된다.

※ Quincy Jones, Henry Mancini, Jean Sibelius 등 대가들의 색채감 있는 성부 배치와 특색있는 음악들은 모두 기본 배음을 적극적으로 사용한 결과물이다.

03 다이아토닉 화성(Diatonic Harmony)

우리는 어려서부터 어떤 조성에 따라 노래 부르기에 길들여져 있다.
하나의 조성이 시작되면, 다른 조성이 나오기 전까지 이미 정해진 조성에 의지해서 음정을 올리고 내리면서 노래하게 된다. 조성이 바뀌기 전까지 그 조성에 절대적으로 의존할 수밖에 없는 것이다.
또 모든 음악적 행위는 그 조성에 맞춰서 해결하게 된다.

하나의 조성 안에서는 어떤 화음이든지 자유롭게 쓸 수 있다.
하지만 어떤 화음을 사용할 땐, 반드시 그다음에 쓰여질 화음과의 연결을 생각하면서 써야 한다.

1. 메이저 다이아토닉 3화음(Major Diatonic Triad)

장조 화음의 종류에 대해 알아보자.

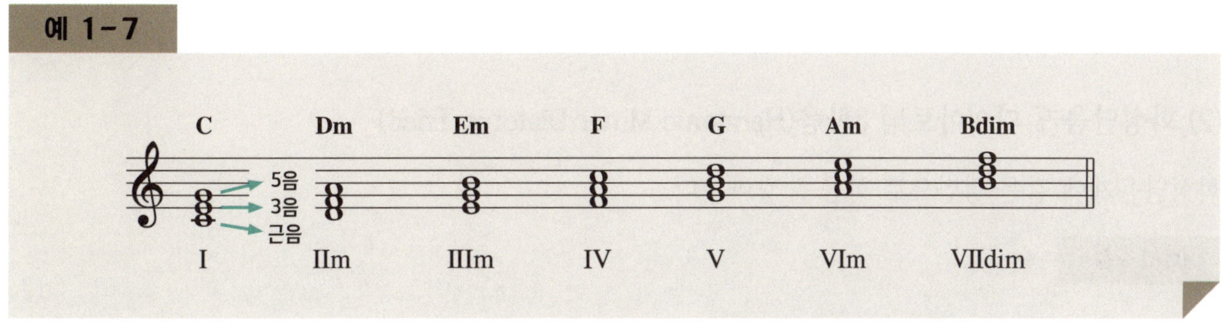

C 코드는 C음을 근음으로, Dm 코드는 D음을 근음으로 3도씩 쌓아 올려서 만들어진 화음이다.
근음과 3음이 장3도면 장화음(Major), 근음과 3음이 단3도면 단화음(Minor)이 된다.
따라서 Em 코드는 단화음, F 코드는 장화음, G 코드 역시 장화음, Am 코드는 단화음이 된다.
다음 Bdim 코드의 근음과 3음의 간격은 단3도이나, 다른 화음과 달리 근음과 5음이 완전5도가 아닌 감5도이다. 그래서 Bdim 코드는 감화음, 즉 디미니시드 코드이다.

장조에서 나타나는 화음은 **장화음(M), 단화음(m), 감화음(dim)**, 이 세 가지이다.
조성의 기둥 역할을 하는 I은 그 조성의 화음 중 으뜸이라고 볼 수 있다.
또 모든 화음들은 I로 가기 위해서 여기저기를 쏘다니다가 결정적일 때, I로 돌아온다.
그런데 I로 강력하게 안착하려면, 다른 화음들의 연결고리보다 한층 더 강력한 무언가가 필요하다.

그 힘을 가진 화음이 V(도미넌트)이며, V가 애매했던 모든 화음들의 진행을 깨끗하게 해결시킨다.
다시 한번 말하자면, 어떤 조성에서든지 가장 중요한 화음은 I 화음이다.
그리고 I 화음이 나오려면, 강력하게 진행하는 힘을 가진 V 화음이 반드시 필요하다.

2. 마이너 다이아토닉 3화음(Minor Diatonic Triad)

단조 화음을 살펴보자.

(1) 자연단음계 다이아토닉 3화음(Natural Minor Diatonic Triad)

자연단음계는 아무런 임시표가 붙지 않으며, 장조 으뜸음의 단3도 아래 음으로 시작하는 단음계이다.

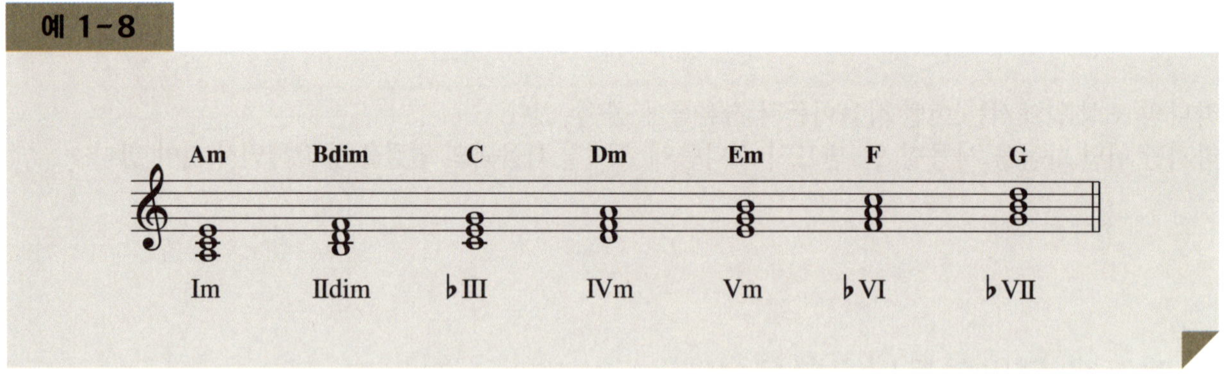

메이저 다이아토닉 3화음과 마찬가지로 장화음(M), 단화음(m), 감화음(dim)으로 구성되어 있다.

(2) 화성단음계 다이아토닉 3화음(Harmonic Minor Diatonic Triad)

화성단음계에 같은 방법으로 화음을 쌓아본다.

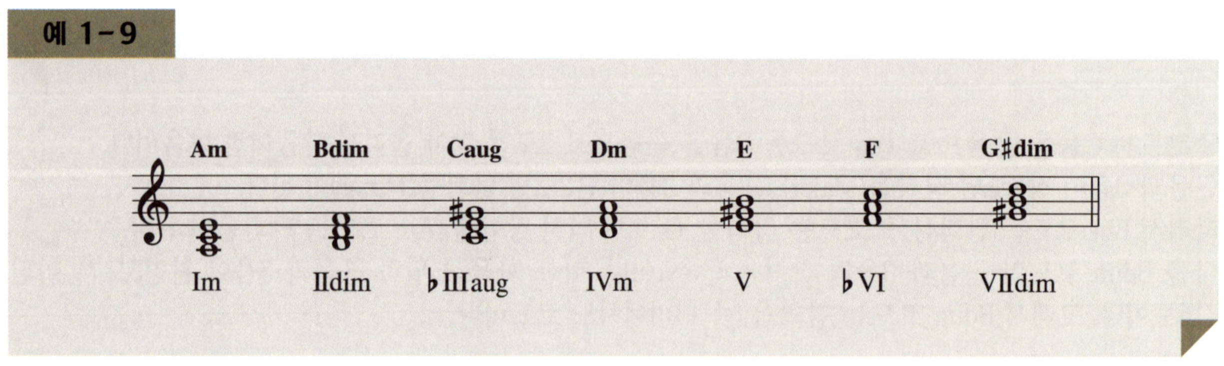

화성단음계는 자연단음계에서 도미넌트의 역할을 하지 못하는 Vm 화음의 3음을 반음 올려서 도미넌트 역할을 하게 만든 것이다.
즉, 좀 더 화성의 역할을 중요시한 단음계라 하겠다.

세 번째 화음인 ♭IIIaug는 장조에서 나오지 않는 화음이다. 이는 기능적으로 문제가 되는 화음이며, 6음(F음)과 7음(G♯음)은 증음정이므로 노래하는 데 어려움을 느끼게 된다.
화성적으로 좀 더 충실히 하다 보니 멜로디에 문제가 생기게 되는 것이다.

(3) 가락단음계 다이아토닉 3화음(Melodic Minor Diatonic Triad)

가락단음계는 화성단음계에서 6음에 ♯을 붙여서 증음정을 피하도록 하는 음계이다.

예 1-10

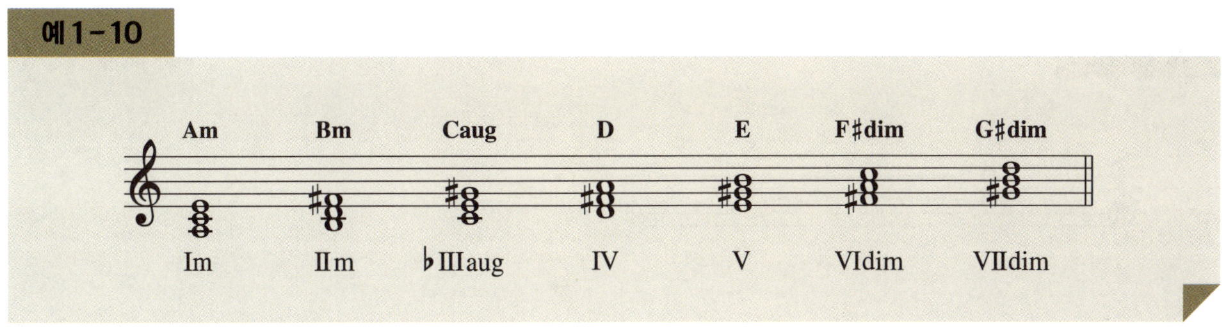

이 음계는 증음정을 피하여 자연스러울지 모르지만, 보다시피 단조 성격을 가진 화음이 많지 않기 때문에 단조 성격을 나타내기에는 부족하다.
단조 곡들은 어떤 때는 화성에 충실한 화성단음계를, 어떤 때는 증음정을 피해 선율에 충실한 가락단음계를, 어떤 때는 충분한 단조의 느낌을 주는 자연단음계를 섞어서 사용한다.

3. 메이저 다이아토닉 7화음(Major Daitonic 7th Chord)

실제로 우리가 듣는 음악에서 연속되는 3화음을 듣기는 쉽지 않다.
복잡한 생활 환경과 현대인의 다양한 사고는 좀 더 다양한 것을 원하며, 단순한 3화음을 계속 듣고 있게 만들지 않는다. 3화음을 넘어선 화음을 듣고 싶은 것이다.
그렇다면 배음의 원칙에 따라 다이아토닉 3화음에 각각 3도 위의 음을 하나씩 더 쌓아보자.

예 1-11

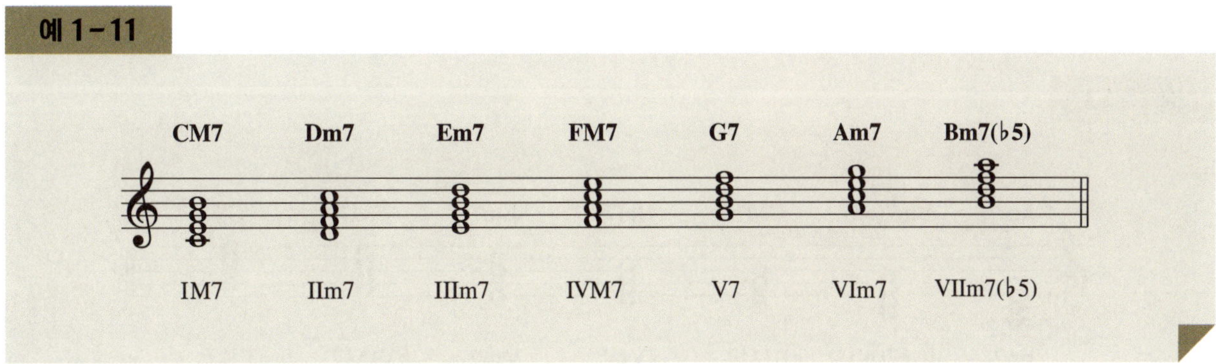

위의 예제에서 보듯이 음을 하나씩 더 쌓았지만, 화음의 성격은 변하지 않는다.
다만, 변하지 않은 화음 옆에 그 화음의 기능을 나타내는 숫자가 따라오게 된다.

M7 코드는 네 번째 음인 7음이 장7도이다.
m7 코드의 7음은 단7도이며, 7 코드는 장조 성격의 화음이면서 7음은 단7도이다.

M7, m7, 7 코드는 많은 차이가 있다.
M7, m7 코드는 증음정을 포함하지 않는다. 하지만 7 코드에서는 3음과 7음이 증음정을 이룬다.
뚜렷한 성격을 가진 증음정의 각 음은 갈 길을 개성 있게 나타낸다.

G7의 3, 7음을 예로 들어보자.
이 중음정은 반드시 가장 가까운 음으로 해결시켜야 하며, 그 해결하려는 강력한 힘으로 그다음 화음인 C 코드, 즉, 그 조성의 중심으로 가게 된다.

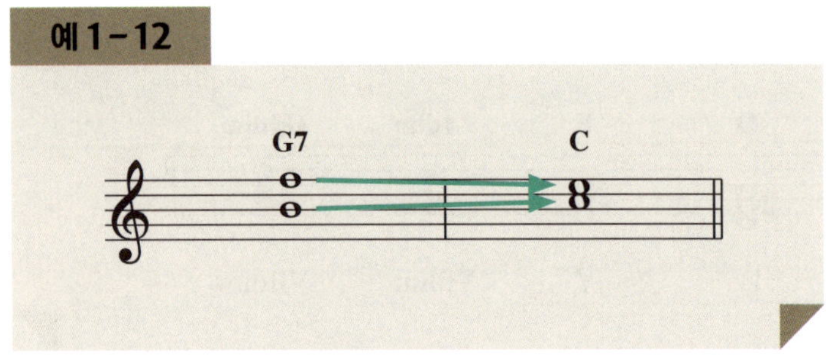

트라이톤(Tritone)으로 불리는 **중4도**는 화음을 연결해나가는 결정적인 축(Pivot)이 되어서 음악을 연결해나간다.

4. 마이너 다이아토닉 7화음(Minor Diatonic 7th Chord)

마이너 다이아토닉 3화음에도 3도 위의 음을 쌓아보자.

(1) 자연단음계 다이아토닉 7화음(Natural Minor Diatonic 7th Chord)

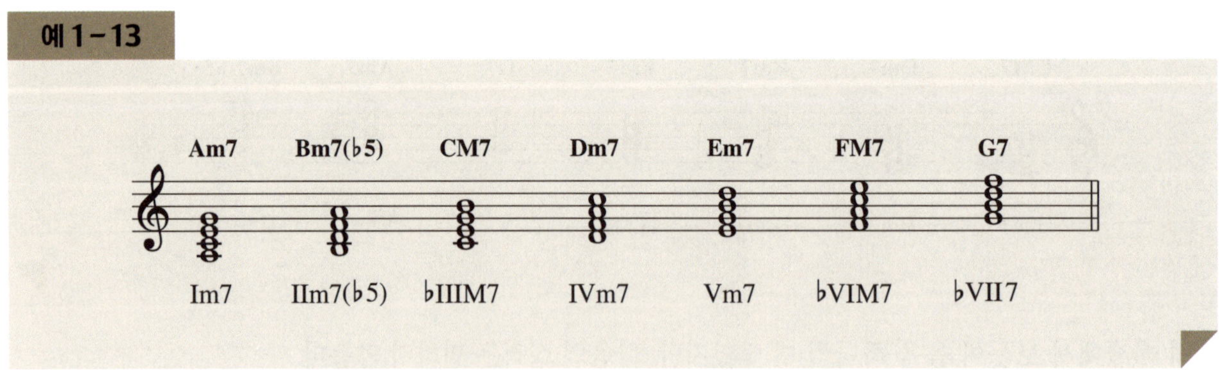

이 역시 화음의 성격은 그대로이고, 옆에 기능을 나타내는 표시가 붙게 된다.
원칙적으로는 E 코드에 트라이톤이 생겨서 그다음 Am로 진행해야 하는데, 여기에서는 G7에서 생기는 트라이톤이 C 코드로 가게끔 유도하게 된다(마지막 소절의 경우를 말함).
이것은 원하지 않는 결과이며, E 코드에서 트라이톤을 만들어서 Am 코드로 가려면 G음을 G♯음으로 바꿔야 한다.

그렇게 고친 것이 좀 더 화성적인 연결이 되는 화성단음계이다.

(2) 화성단음계 다이아토닉 7화음(Harmonic Minor Diatonic 7th Chord)

예 1-14

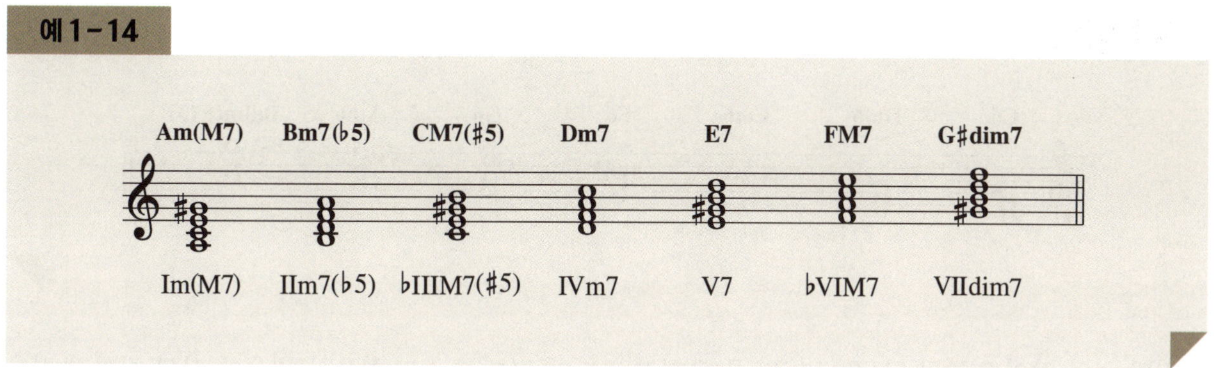

(3) 가락단음계 다이아토닉 7화음(Melodic Minor Diatonic 7th Chord)

예 1-15

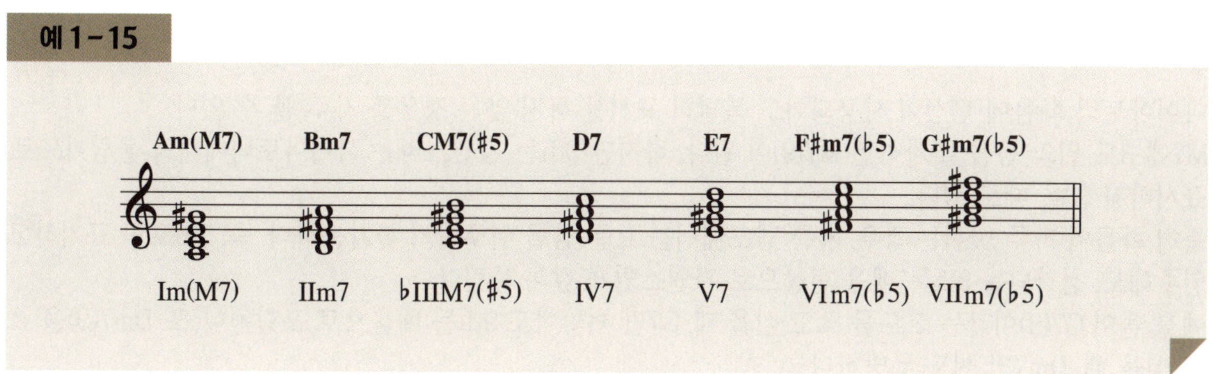

5. 6th 화음

다음 예제는 배음의 원칙에 따라 다이아토닉 3화음에 2도 위의 음을 쌓은 것이다.
즉 6음을 추가하는 경우이며, add 6th라고 하기도 한다.
이 중에 마이너 코드이면서 ♭13이 포함된 이상한 코드가 곳곳에 나타나는데, 그것들은 사실상 쓸 수 없는 코드이다. 추후 코드 스케일에서 자세히 설명하게 되는데, 이 중 장화음 몇 개를 제외하고는 쓰기 어려운 화음들이 많다.

예 1-16

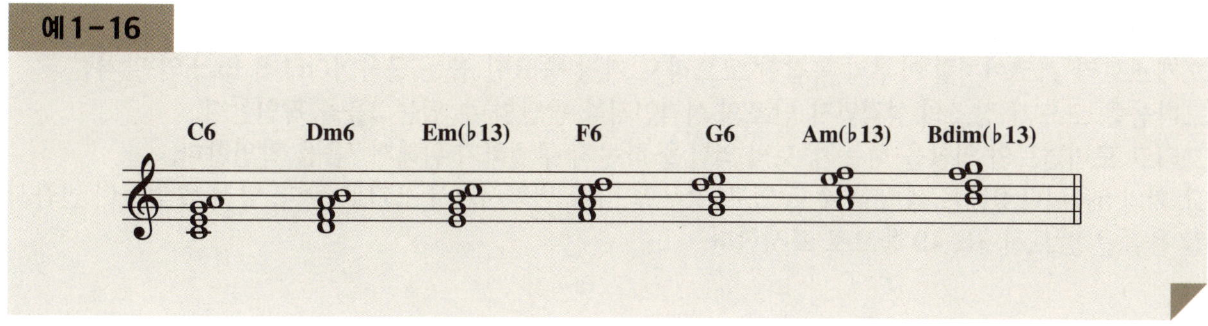

맨 위의 음이 멜로디라고 가정할 경우, Em(♭13), Am(♭13) 코드는 멜로디와 그 아래 음이 단2도가 된다.
멜로디를 장식하기 위해서 화음이 필요한 것인 만큼 절대적인 우선권은 멜로디에 있다.
즉, 어떤 경우라도 멜로디와 그 아래 음이 반음(단2도)이 되어서는 안 된다. 아무리 훌륭한 대선율이나 화성을 썼을지라도, 멜로디의 선명성을 흐리는 경우는 물론 없어야 한다.

그래서 다음과 같이 코드를 고쳐 쓴다.

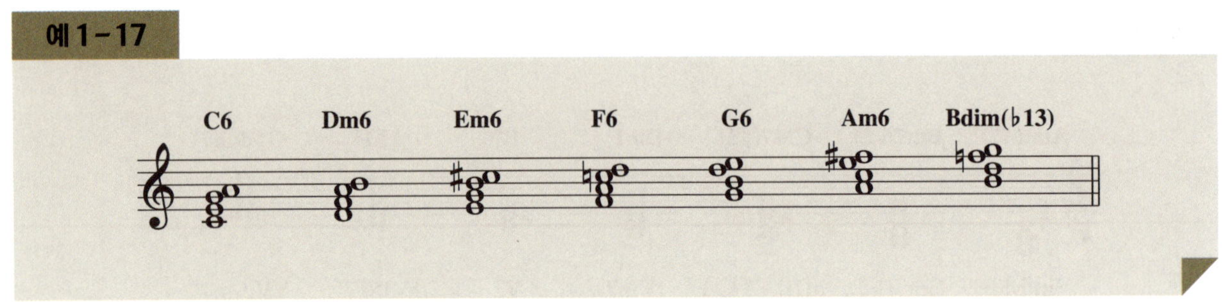

하지만 위와 같이 일관된 add 6th나 7th은 오히려 흐름에 방해를 주기 쉬우니, 경우에 따라 적합한 것을 골라서 쓰는 것이 좋겠다.

다이아토닉에서 3도씩 음을 쌓아 올린 결과, 우리는 M7, m7 등의 화음을 자연스럽게 쓸 수 있게 되었다. 그 모든 것의 바탕에는 배음의 원칙이라는 자연현상에 뿌리를 두고 있음을 잊지 말자.

다이아토닉 화음에 텐션이 사용되어도 특별히 표시를 하지 않는 경우를 자주 볼 수 있다.
M7에 3도 위의 음을 추가하면 M7(9)이 된다. 하지만 9th는 자연스러운 다이아토닉에서의 울림이므로, 표시하지 않을 때도 있다.
특히 화음이 자주 바뀌는 경우, 빠른 템포에서는 모든 음을 연주하기 불가능하다. 즉, 7th로만 표기하고 연주해도, 첨가되는 9th는 배음 현상으로 자연스럽게 같이 들린다.
예를 들어 G7(9)이라는 코드를 쓰고 싶을 때, G7만 써놓아도 9th는 배음으로 포함된다. 또 Dm7(9)을 쓰고 싶을 때, Dm7만 써도 무방하다.

하지만, 변화되는 음들은 반드시 표시해야 한다.
G7(♭9)은 G7과 같지만, ♭9th는 다이아토닉의 울림이 아니기 때문이다. 또 G7에서 ♭5를 쓰려면, 반드시 G7(♭5)라고 표기해야 한다.

메이저 코드에서 M7과 6th는 같은 역할을 하며, 멜로디와의 관계를 생각해서 M7이나 6th를 선택해서 쓸 수 있다. 많은 이들이 길게 이어지는 토닉의 으뜸음에 M7을 써서 멜로디의 선명함을 방해한다.
이럴 때 바로 7th 대신 6th를 쓰기 적합하다.

코드의 성격을 판단하는 방법으로 첫 번째, 근음(Bass)을 확인한다.
오케스트라 스코어처럼 아무리 복잡한 코드라도 가장 중요한 음은 근음이다(J. S. Bach의 말처럼).
그다음은 코드가 장조의 성격인지, 단조의 성격인지를 판단할 수 있는 **3음을 확인**한다.
그리고 도미넌트의 역할을 하는지, 토닉 역할을 하는지 구별하기 위해서 **7음을 확인**한다.
그 외의 5음이나 9음은 생략할 수도 있고, 경우에 따라 변화시켜서 쓰기도 한다. 앞서 말했듯이 변화시킨 음들은 반드시 ♭5, #9 등으로 표시한다.

해보기

1. 다음 코드 심볼에 알맞게 화음을 그려라.

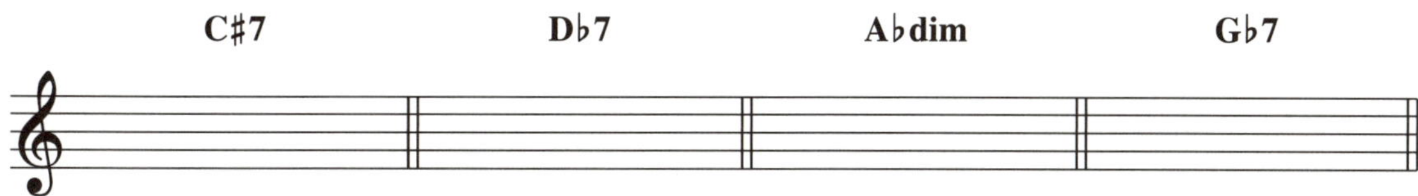

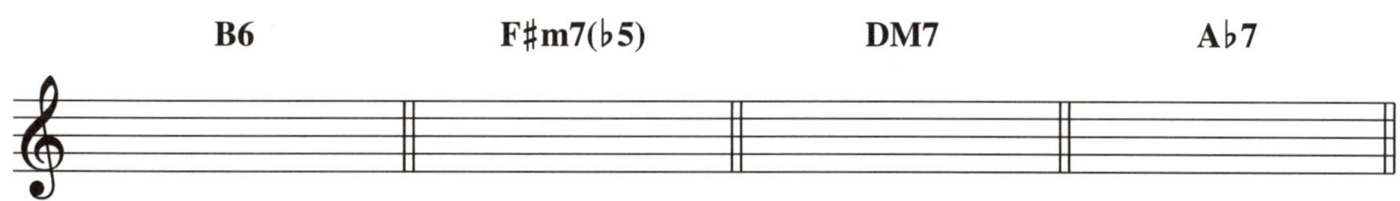

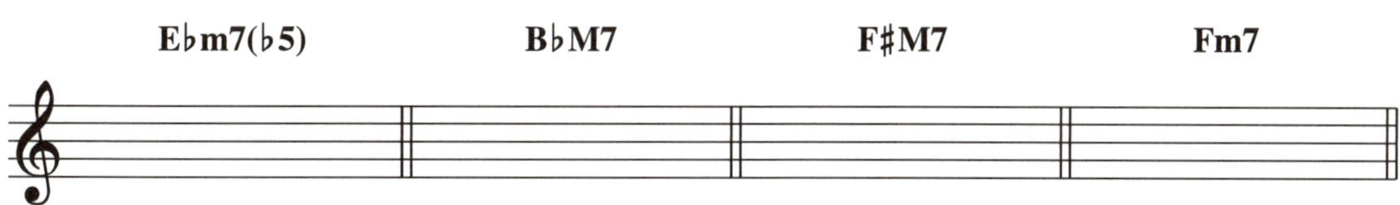

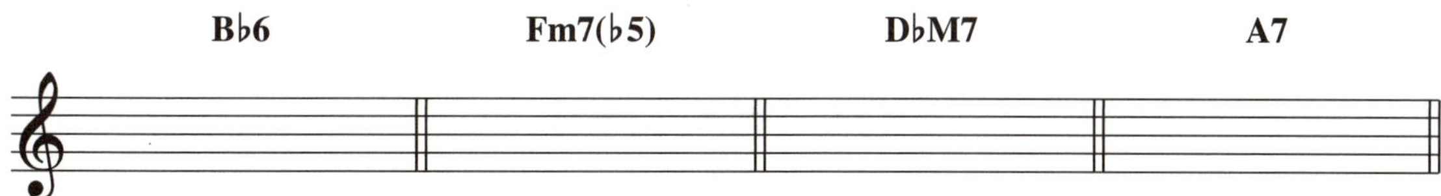

앞서 공부한 다이아토닉 화음은 C key에서 이루어진 것이었다.
C 다이아토닉 화음을 로마 숫자로 표기하면 다음과 같다.

CM7	-	IM7
Dm7	-	IIm7
Em7	-	IIIm7
FM7	-	IVM7
G7	-	V7
Am7	-	VIm7
Bm7(♭5)	-	VIIm7(♭5)

이 화음들은 C key 안에서 아무런 임시표가 붙지 않은 화음들로, C 다이아토닉 화음이라 부른다.
항상 C key의 조성에서 이루어지며, 조표(Key Signature)나 임시표(Accidental)를 쓰지 않는다.
4성 풀이에서와 마찬가지로 로마 숫자는 실용음악에서 매우 중요한 역할을 한다.

다음 곡을 로마 숫자로 화성 분석해 보겠다.

예 1 - 18

On The Trail

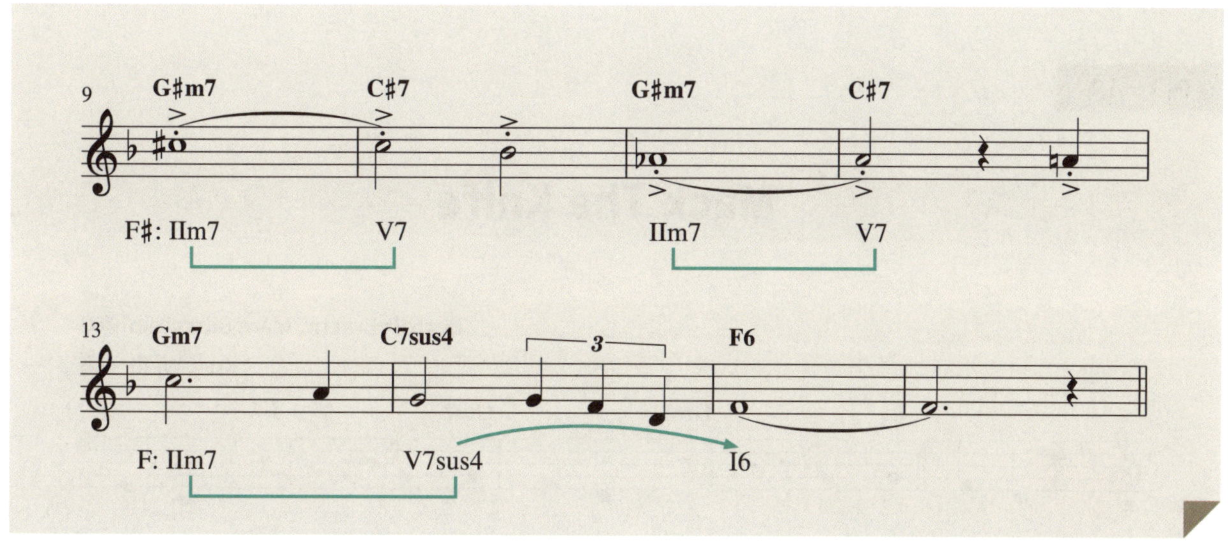

이 곡〈On The Trail〉은 처음부터 8마디까지 F key로, 그다음 네 마디(9~12마디)는 반음 올린 F♯ key, 그리고 그다음은 다시 F key로 돌아가서 반복한다. 2마디의 IIm7, V7은 F 코드로 가기 위해 필수로 건너야 하는 다리와 같은 것으로, 흡사 하나의 묶음처럼 들린다.

그래서 괄호(⌐___⌐)로 묶어서 눈에 띄게 표시하며, V7은 이전까지 화음들의 흐름을 I로 강력하게 이끈다. 이것을 나타내는 것이 화살표(➝)이며, 앞서 설명한 트라이톤의 확실한 이끌림으로 음악을 마치게 하는 강력한 힘을 나타낸다.

모든 화음은 먼저 조성을 표시한 후, 코드는 로마 숫자로 나타내며, 아무 표시가 없는 것은 3화음, m 표시는 마이너 코드를 나타낸다.
(♭5)와 같이 괄호 안의 표시는 변화된 음정을 나타내며, M7은 장7화음, m7은 단7화음을 나타낸다.
이 모든 화음들은 I을 향해서 나아가려는 성질을 가지고 있다.

※ sus4 코드는 3음 대신 4음을 쓰는 코드를 말한다. 이 코드는 메이저와 도미넌트에서 쓸 수 있으며 멜로디가 겹치지 않을 때 쓸 수 있다.

곡이 하나의 key로 이루어져 있을 경우 다이아토닉 화음 중에 모든 화음을 쓸 수 있다.
단, 멜로디와 어울릴 경우에 국한된다. 어떤 사람은 어울리지 않는 어떤 코드가 멜로디와 맞는다고 하는 궤변을 말하는 경우도 있다. 하지만 우리는 수많은 곡들과 수많은 시행착오를 겪으면서 귀로 판단을 하기 때문에 증명할 수 없는 이론은 궤변에 불과할 것이다.

다음은 〈Mack The Knife〉를 화성 분석한 것이다.

※ D7(#9)은 그다음 코드인 Gm7으로 가기 위한 도미넌트이다.
　V7/VI는 VI로 가기 위한 도미넌트라는 분석이다.

* **세컨더리 도미넌트(Secondary Dominant)** – 도미넌트의 성질을 가지고 있는데 다이아토닉의 도미넌트 코드가 아닌 경우는 세컨더리 도미넌트라고 보면 되겠다.
보통 IIIm7 - VI7 - IIm7 - V7의 경우 VI7가 대표적인 케이스이다.

다음은 〈My Little Suede Shoes〉를 화성 분석한 것이다.

예 1 – 20

※ 이 곡은 C7 코드 외에 모두 Eb 다이아토닉 화음으로 이루어져 있다.
  C7은 IIm7인 Fm7으로 가기 위한 세컨더리 도미넌트이며, 그곳을 기준으로 전조할 수도 있으나
  바로 다시 Eb 다이아토닉으로 되돌아온다.

다음은 〈Joy Spring〉을 분석한 것이다.

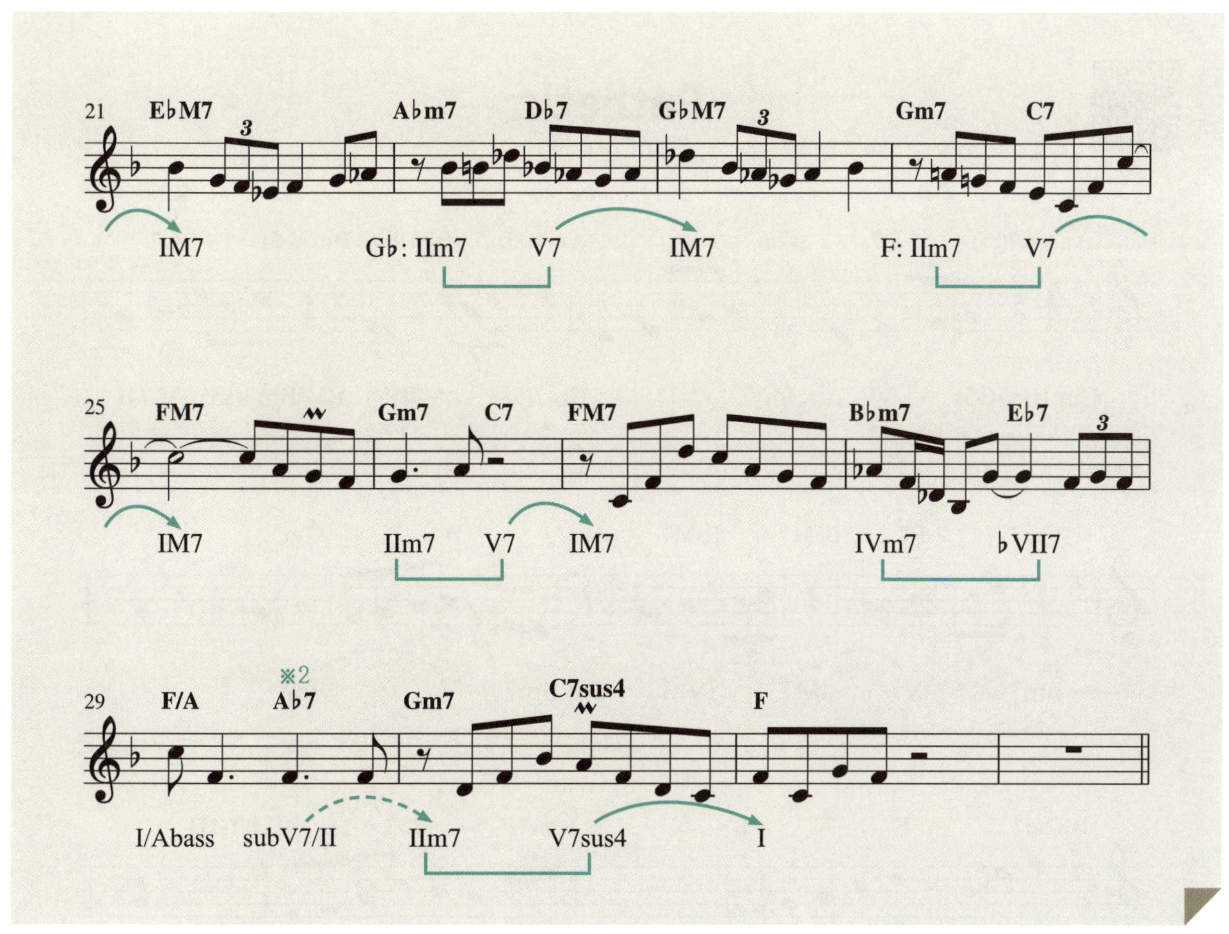

※ ⌒➘ 는 대리화음을 사용함으로써 반음 아래로 진행할 때의 표기이다(대리화음에 대해서는 84페이지에서 자세히 설명한다).

이 곡은 처음에 F key로 시작하여 반음 올려져서 Gb key로 반복되다가, 또 반음 올려져서 G key로 진행한다. 그리고 나중에 다시 F key로 돌아와서 진행하는 이 곡은, 조성을 파악하고 그에 걸맞은 화음을 생각하는 데 적절한 곡이다.

※2 Ab7 코드는 D7의 증4도 대리화음으로서 나중에 다시 설명하도록 한다.

다음은 〈Pathetic〉을 화성 분석한 것이다.

다음은 〈Blue Moon〉을 화성 분석한 것이다. 조성에 대해서 생각해보자.

예 1 - 23

G♭ key인 15, 16마디 외에 대부분 E♭ 다이아토닉으로 이루어진 이 곡은 화음 진행이 간단해서 한 번만 봐도 누구나 외울 수 있다.
한번 시작된 조성으로 가급적 모든 것을 해결하는 것이 가장 안정감 있고 이상적이다. 하지만 위의 예처럼 도저히 원래의 조성으로 노래할 수 없을 때에는 전조로 판단한다.

1. 다음 곡들을 같은 방법으로 분석하라.

   (1) Blue Room

   (2) I Love You For Sentimental Reasons

   (3) Doxy

   (4) Memories Of You

05 화음의 길이(Duration)

이미 알고 있듯이 실용음악에서는 화음을 코드 심볼(Chord Symbol)로 나타낸다.
이번에는 코드 심볼로 화음의 길이를 나타내는 방법을 설명하고자 한다.

일반적으로 마디마다 변하는 코드는 별다른 표시 없이 한 마디에 하나의 코드를 표기한다.
두 박자에 한 번씩 변하는 코드는 한 마디에 두 개씩 적절히 표기한다.

다음은 코드만 표기하는 경우이다.
예를 들어 기타나 피아노 같은 화음 악기가 다른 악기나 노래의 반주를 하는 경우에 쓰인다.

예 1-24

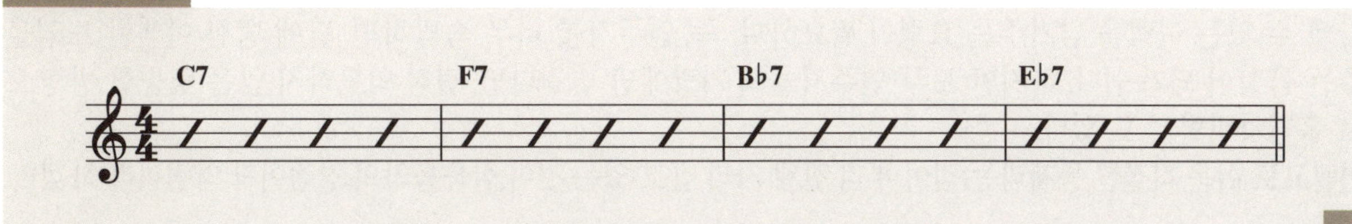

박자마다 표시가 되어 있다고 해서 한 박자씩 고르게 연주하라는 것은 아니다.
경우에 따라서 하나의 화음을 박자 안에서 길게 끌 수도 있다.
즉, 노래나 연주를 충분히 듣고, 적절히 방해되지 않는 연주를 해야 한다.

만약 꼭 한 박자씩 고르게 연주해야 한다면, 다음과 같이 표기한다.

예 1-25

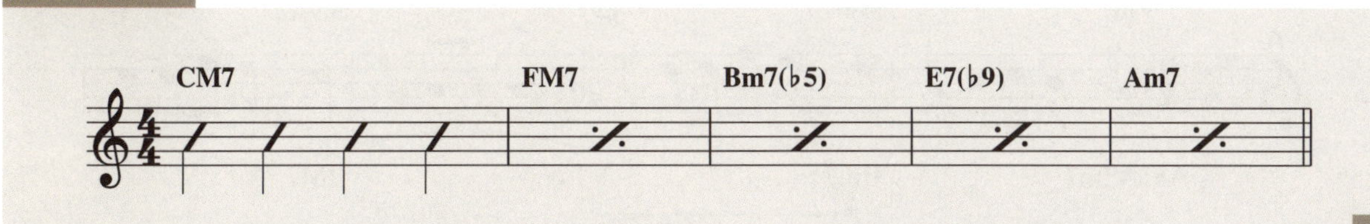

다음은 리듬이 계속 바뀌는 화음 표기의 예이다.

예 1-26

어떤 이들은 화음의 음을 일일이 그려주기도 한다.
특히 연주할 때, 화음의 가장 높은 음은 전체적인 소리에 많은 영향을 주기 때문에 높은 음만 그리는
경우도 있다.

연주자의 취향에 맞는 화음의 형태를 택할 수 있게 여유를 주는 것도 좋지만, 자칫하면 너무 다른 의도
의 음악이 될 수 있다.
실용음악에서는 다른 연주자들을 적절하게 통제하면서, 경우에 따라서는 개개인이 자유롭게 기량을 나
타낼 수 있는 여백을 남겨주는 요령이 필요하다. 즉, 연주자를 너무 속박하면, 판에 박힌 어색한 느낌을
주는 음악이 되기 쉽다. 하지만 모두 연주자들의 기량에만 맡긴다면, 전혀 의도하지 않은 엉뚱한 방향으
로 흘러가버릴 수도 있다.
어렵고도 쉬운 적절한 통제라는 점이 뿌리 깊게 자리 잡고 있는 것이 실용음악의 장점이자 약점이라 하겠다.

다음은 〈You Are The Love〉를 화성 분석한 것이다.

예 1-28

AbM7
Am7(b5)　D7(b9)
GM7
IVM7
G: IIm7(b5)　V7(b9)　IM7
Am7
D7
GM7
IIm7　V7　IM7
F#m7
B7
EM7
Caug7
E: IIm7　V7　IM7　Ab: Vaug7/VI
Fm7
Bbm7
Eb7
AbM7
VIm7　IIm7　V7　IM7
DbM7
Dbm7
Cm7
Bdim7
IVM7　IVm7　IIIm7　bIIIdim7
Bbm7
Eb7
AbM7
IIm7　V7　I

06 자리바꿈(Inversion)

실용음악에서는 자리바꿈을 간단히 '/'로 표기한다.

	C	Em/B		Am	Am/G		F	C/E		Dm7	G7	
C:	I	IIIm/Bbass		VIm	VIm/Gbass		IV	I/Ebass		IIm7	V7	

전통 화성과 마찬가지로, 자리바꿈은 반드시 그다음 진행을 나란히 해결해 주어야 어색하게 들리지 않는다.

다음 곡의 화성 분석을 살펴보자.

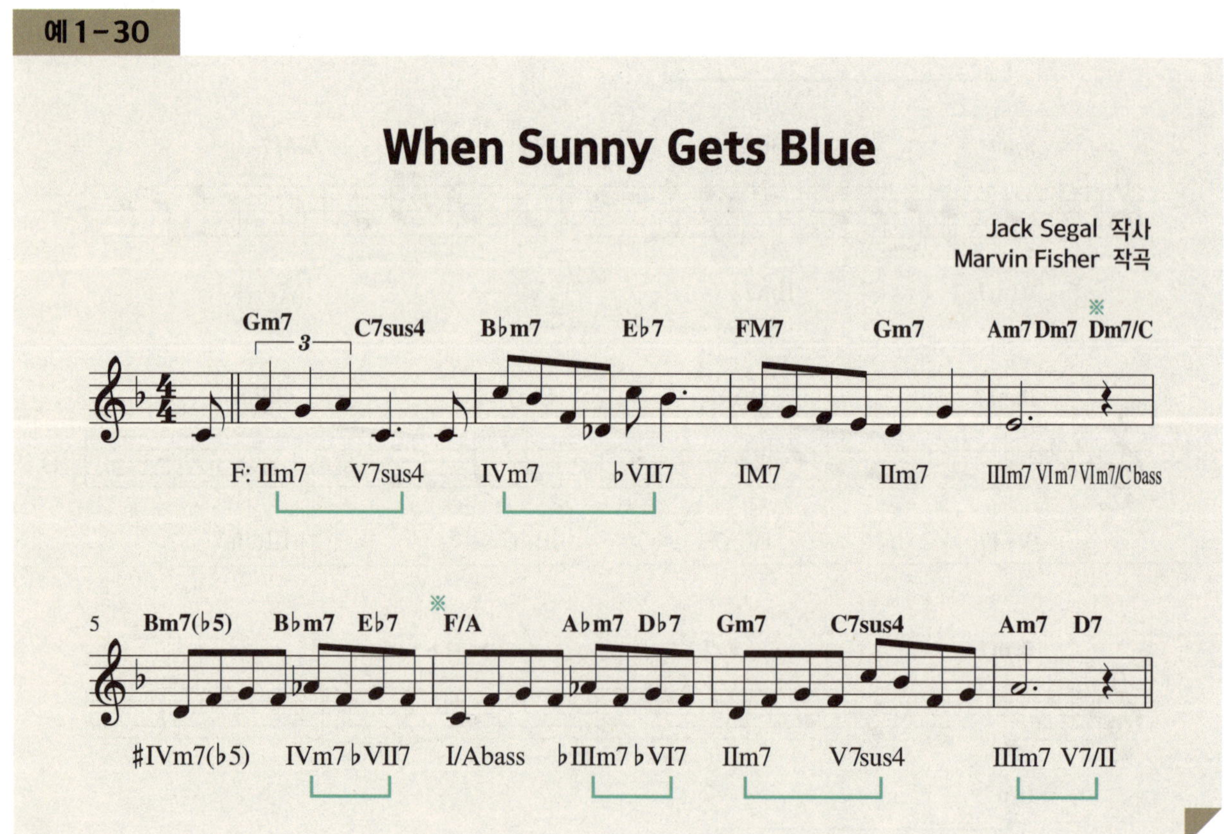

예 1-31

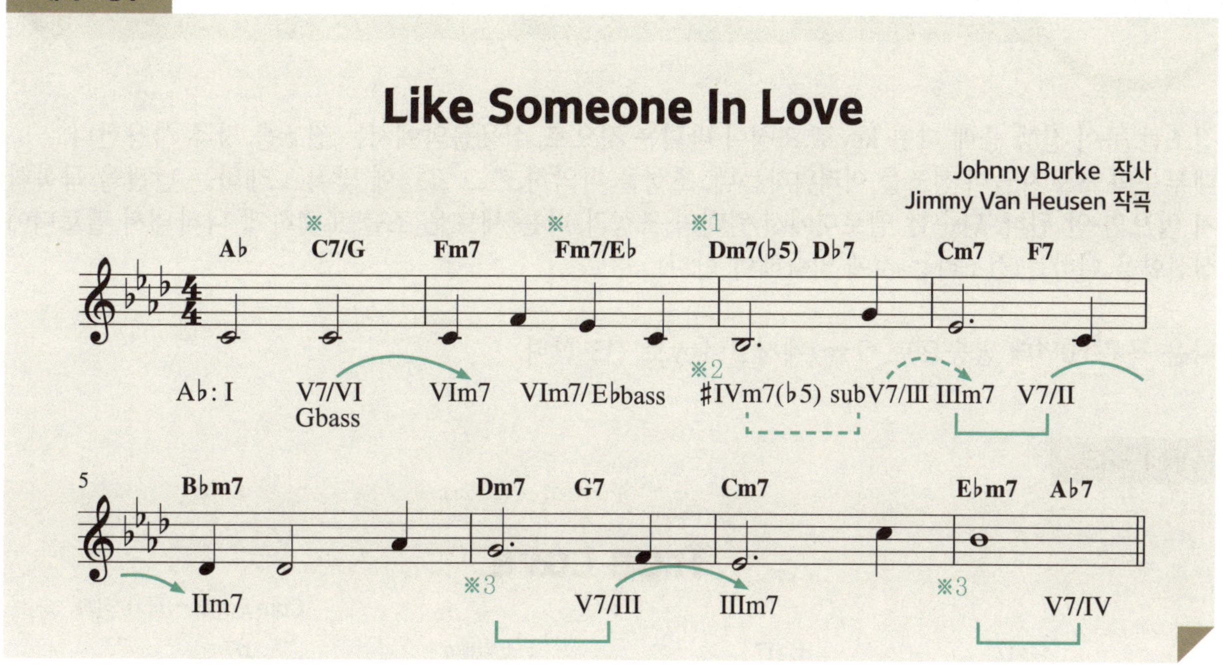

※1 Dm7(♭5) 다음 G7이 아닌 D♭7으로 진행했다. D♭7은 G7의 대리화음이다.

※2 `╌╌▶` 와 `└╌╌┘`는 대리화음을 사용함으로써 반음 아래로 진행할 때의 표기이다.

※3 도미넌트의 IIm로, `└────┘` 로 이어져 다음 도미넌트와 묶음으로 들린다.
이 화음은 특별히 분석하지 않으며, 릴레이티드(Related) IIm라고 불린다.

예 1-32

자리바꿈은 베이스의 독자적인 선율로, 또 다른 멜로디를 만들어서 추가할 때 쓰인다.
즉, 일상적인 I의 연속보다 주어진 멜로디에서 독립적인 또 다른 멜로디를 만들 때 쓰인다.
그러려면 멜로디와는 반진행으로 독립적인 또 하나의 멜로디를 만들어야 한다.
멜로디와 나란히 진행하는 자리바꿈은 그야말로 최악의 결과를 가진다. 주 멜로디도, 베이스 멜로디도
겹쳐서 텅 빈 느낌을 주기 때문이다. 이것은 흔히 전통 화성에서 병진행이라고 하는 최악의 결과가 된다.

전조(Modulation)

전조란 곡이 진행 중에 다른 key로 조성이 바뀌는 것으로, 실용음악에서는 전조를 자주 사용한다. 대부분의 초보자들이 전조를 어려워하는데, 조성을 파악하고 그 조성에 맞춰 노래하는 난관을 극복하지 않으면 안 된다. 단순한 멜로디에서 원래의 조성과 다른 새로운 조를 또렷하게 나타내서 멜로디에 신선함을 더하는 전조라는 것에 익숙해야 한다.

다음 곡은 60년대 팝송으로, G key에서 B♭ key로 전조한다.

예 1-33

예 1-34

아버지 Part. 2

정중화 작곡

이 곡은 필자가 쓴 곡으로 F Major 곡이 브릿지에서 A Major로 전조한다.
많은 스탠다드 곡에서 볼 수 있는 진행이므로 응용해서 곡을 써보면 좋을 듯하다.

다음은 〈I Love Paris〉를 분석한 것이다.

예 1-35

I Love Paris

Cole Porter 작사/작곡

이 곡은 Cm key인데, 브릿지부터 C key로 힘차게 전조한다.
새로운 II-V를 거쳐서 다른 key로 잠시 옮겨간다고 해도, 새로운 key의 I이 원래 key와 가까우면 전조로 생각하지 않는다.
하지만 새로운 key가 다이아토닉이라도 한동안 계속되면 어쩔 수 없이 전조로 생각해야 노래가 된다.

Autumn Leaves

Jacques Prevert 작사
Joseph Kosma 작곡

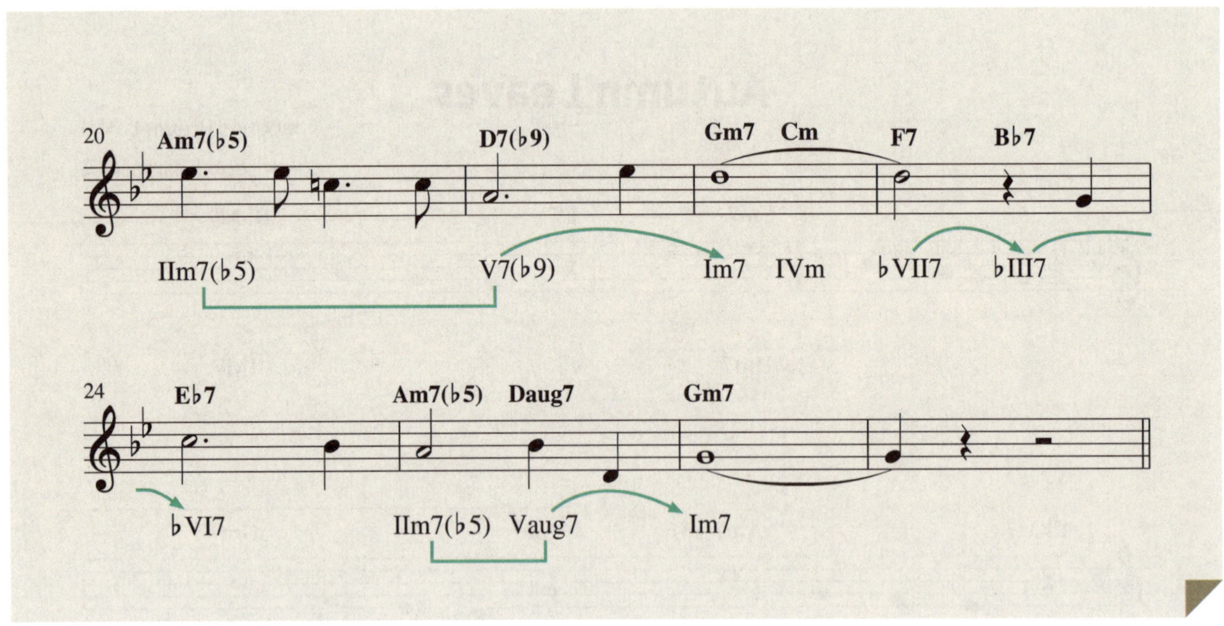

〈Autumn Leaves〉는 B♭ key와 Gm key가 교대로 사용되어 간단하고 기억하기 쉬운 멜로디를 가지고 있고, 전조의 좋은 예이다. 두 조성 사이는 나란한 조(Relative keys)이므로 같은 조라고도 생각할 수 있지만 전조된 마이너의 조성이 길게 사용되기 때문에 전조로 생각한다.

35페이지 〈Like Someone In Love〉는 A♭ key로 시작해서 6마디에서 C key로 가려는 듯한 움직임을 보이지만, 그냥 A♭ key의 IIIm7인 Cm7으로 간다.

35페이지 〈Con Alma〉는 E key로 시작해서 E♭ key를 거쳐 D♭ key로 간다.

대부분의 곡은 여러 조성을 가지고 있으므로 일정한 부분의 명확한 조성을 파악하지 않으면 안 된다.

다음은 〈Call Me〉라는 곡이다.

예 1-37

〈Call me〉 화성 분석

조성을 기억하고, 그 흐름을 외워라.
코드를 하나씩 외우는 것은 쓸모없다. 다른 key로 연주하게 되면 전혀 새로운 이야기가 되기 때문이다.

1. 다음 곡들을 같은 방법으로 분석하고 익혀라.
   많은 스탠다드를 외우면 외울수록 더 다양한 조성의 변화와 화음의 사용법을 익힐 수 있다.

   (1) On Green Dolphin Street

   (2) Afternoon In Paris

   (3) It Could Happen To You

   (4) A Night In Tunisia

   (5) Moonlight In Vermont

   (6) The Lady Is A Tramp

   (7) On A Clear Day

   (8) Satin Doll

   (9) Night And Day

   (10) There'll Never Be Another You

08 보이싱(Voicing)

보이싱은 멜로디와 베이스, 내성을 포함한 코드톤과 텐션을 효과적으로 배치하는 것을 뜻한다. 실용음악에서는 멜로디 반주를 할 때 매우 중요한 부분으로 피아노나 기타 등 코드 악기들이 어떻게 보이싱을 하느냐에 따라 그 음악이 전혀 다른 느낌의 곡으로 들리기도 하니 그만큼 코드 악기의 보이싱이 그 곡에 중요한 역할을 한다고 보면 되겠다.

보이싱의 종류는 크게 **Open Voicing**과 **Closed Voicing**이 있다. 그 이외에 Semi Open, Cluster 등 여러 보이싱이 있지만 여기서는 기본적인 두 가지 Vocing을 다루는 것으로 하겠다.
보이싱은 7화음일 경우 기본위치와 제1전위(Inversion, 자리바꿈), 제2전위, 제3전위가 있다.

예 1-39

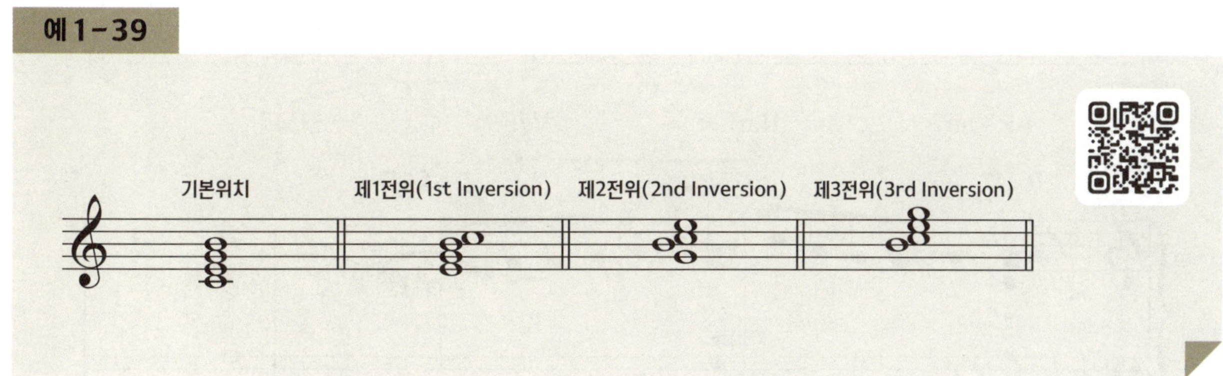

1. Open Voicing

Open Voicing의 정의는 보통 테너에서 소프라노의 음정이 한 옥타브 이상 벌어져 있는 보이싱으로 보통 발라드나 느린 템포의 곡에서 많이 사용되는 보이싱이라 하겠다.

다음은 유명한 스탠다드 곡과 비슷한 코드 진행으로 작곡해 보았다.
예 1-41 은 스탠다드 곡을 조금 어렵게 편곡하여 보이싱해 보았다.

You Are The Love

정중화 작곡

Am7
D7(♭9)
GM7
IIm7
V7(♭9)
IM7
F#m7
B7(♭9)
EM7
Caug7
E:IIm7
V7(♭9)
IM7
A♭:Vaug7/VI
Fm7
B♭m7
E♭7(♭9)
A♭M7
VIm7
IIm7
V7(♭9)
IM7
D♭M7
D♭m7
Cm7
Bdim7
IVM7
IVm7
IIIm7
♭IIIdim7
B♭m7
E♭9sus4
E♭7(♭9)
A♭M7
IIm7
V9sus4
V7(♭9)
IM7

Body And Soul

Edward Heyman, Robert Sour, Frank Eyton 작사

Johnny Green 작곡

2. Closed Voicing

Closed Voicing은 말 그대로 음들이 모여져 있는 것을 뜻하지만, 기본적으로 **3도 음정**이 두 개 이상 있어야 한다. 보통은 멜로디와 테너의 간격이 한 옥타브 이내로 한다.

예 1 - 42 는 Closed Voicing의 좋은 예를 보여준다.

예 1 - 42

Alto. Sax.
Alto. Sax.
Ten. Sax.
Ten. Sax.
Bari. Sax.
Bass
C7
Fm7
Alto. Sax.
Alto. Sax.
Ten. Sax.
Ten. Sax.
Bari. Sax.
Bass
Ebsus4
Db7
mf

Alto. Sax.
Alto. Sax.
Ten. Sax.
Ten. Sax.
Bari. Sax.
Bass
C7(♭13)
Gm7(♭5)
Alto. Sax.
Alto. Sax.
Ten. Sax.
Ten. Sax.
Bari. Sax.
Bass
C7
Gm7(♭5)
f

Alto. Sax.
Alto. Sax.
Ten. Sax.
Ten. Sax.
Bari. Sax.
Bass
10
C7
Fm7
12
Ebsus4
Db7
mf
mf
mf
mf
mf

Closed Voicing은 피아노의 반주는 물론 빅밴드의 Soli와 같은 빠른 움직임의 곡이나 3 Horn Section 등에 많이 쓰이므로, 알아 두는 것이 중요하겠다.

1. 다음 곡들을 Open Voicing 해보고 분석해 보자. 많은 스탠다드 곡에 보이싱을 붙임으로써 편곡과 작곡 능력이 향상됨을 느낄 것이다.

    (1) Misty

    (2) Satin Doll

    (3) Polka Dots And Moonbeams

    (4) The Nearness Of You

2. 다음의 곡들은 Closed Voicing 해보고 분석해 보자. Open Voicing과 더불어 Closed Voicing은 편곡을 할 때에 꼭 필요한 기술이라 여겨지며 많은 시행착오를 통해 비로소 얻을 수 있다.

    (1) Confirmation

    (2) Ornithology

    (3) Yardbird Suite

    (4) Scrapple From The Apple

3. 다음 코드 진행을 잘 보고 알맞게 보이스 리딩 해보자.

여기서 **보이스 리딩**(Voice Leading)이란 보이싱(화음을 구성하는 음들)의 움직임을 최소화하는 것을 말한다.

보이스 리딩 또한 피아니스트뿐만 아니고 단선율 악기(보컬 포함)를 하는 모든 연주자들이 연습하고 자기 것으로 익혀야 한다.

(1) 멜로디 없는 경우

(2) 멜로디 있는 경우

이외에 많은 예들이 있을 거라 생각되는데 지면 관계상 너무 많은 예를 들지는 않고 전적으로 가르치시는 선생님들께 맡긴다.

제2장

화음 진행
(Chord Progression)

이 장에서는 화음의 진행과 기능에 대해서 다루려고 한다.
우리는 앞에서 공부한 여러 화음 진행에서 어떤 일정한 법칙을 느낄 수 있었다.
앞으로 더 많은 곡들을 익힘으로써 우리는 일반적인 화음의 흐름을 느낄 수 있을 것이다.

II–V–I

한 조성에서 다이아토닉 화음이라면 어떤 화음이 연결되든 자연스럽게 들린다.
그 조성의 다이아토닉 화음은 어떤 것을 써도 무방하다는 말이다.

그런데, 화음이 진행하다가 어떤 결과를 나타낼 때가 있다.
그것은 곡의 가장 마지막 부분일 수도 있고, 프레이즈의 끝부분일 수도 있다. 거기에는 어떤 원칙을 가진다.

다음은 ⟨I Love You⟩를 화성 분석한 것이다.

예 2-1

I Love You

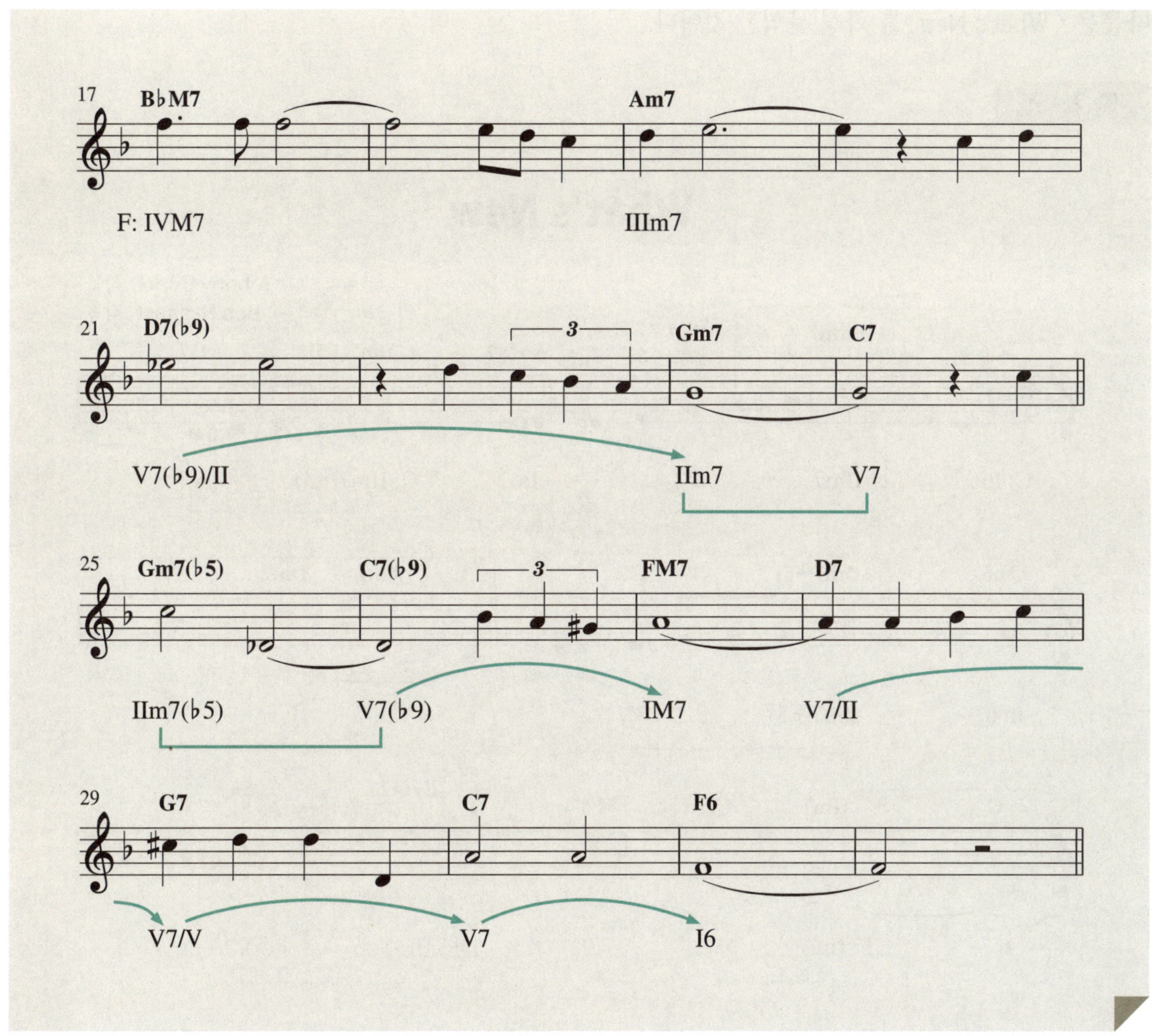

이 곡은 토닉으로 시작하지 않고, IIm7(b5), V7이 나온 다음 조성의 중심인 IM7이 나온다.
그리고 중간에 다른 조성의 IIm7, V7이 나오면서 새로운 조성으로 바뀌게 된다.

다음은 〈What's New〉를 화성 분석한 것이다.

〈I Love You〉, 〈What's New〉, 이 두 곡을 보면, 전조할 때와 악절의 끝에 다음 나올 조성의 IIm7 - V7
이 나오는 것을 볼 수 있다.
하나의 조성을 이루려면, 반드시 그 조성의 IIm7 - V7이 먼저 나와서 확실한 방향을 보여주어야 한다.
연속되는 IIm7 - V7은 어떤 조성을 기대하게 하는 동시에 하나의 뮤음으로 들리면서 화음의 방향을 확
실하게 보여준다.

조성이 바뀔 때, 새로 나오는 조성은 그 조성의 IIm7 - V7으로 정해진다.
경우에 따라 IM7이 나오지 않더라도, IM7이 나올 것을 기대하면서 또 다른 새로운 조성으로 옮겨갈 수
도 있다.

곡의 도중에 새로운 조성으로 생각하지 않으면 도저히 노래할 수 없는 경우, 코드가 조성의 다이아토닉
이 아닌 경우에는 새로운 조성으로 생각한다.
조성과 전혀 연관 없는 IIm7 - V7이 사용될 때도 있는데, 우리는 IIm7 - V7에 너무 익숙해져 있어서 자연
스럽게 듣고 넘기는 경우도 많다.

다음 곡들의 화성 분석을 살펴보자.

예 2-3

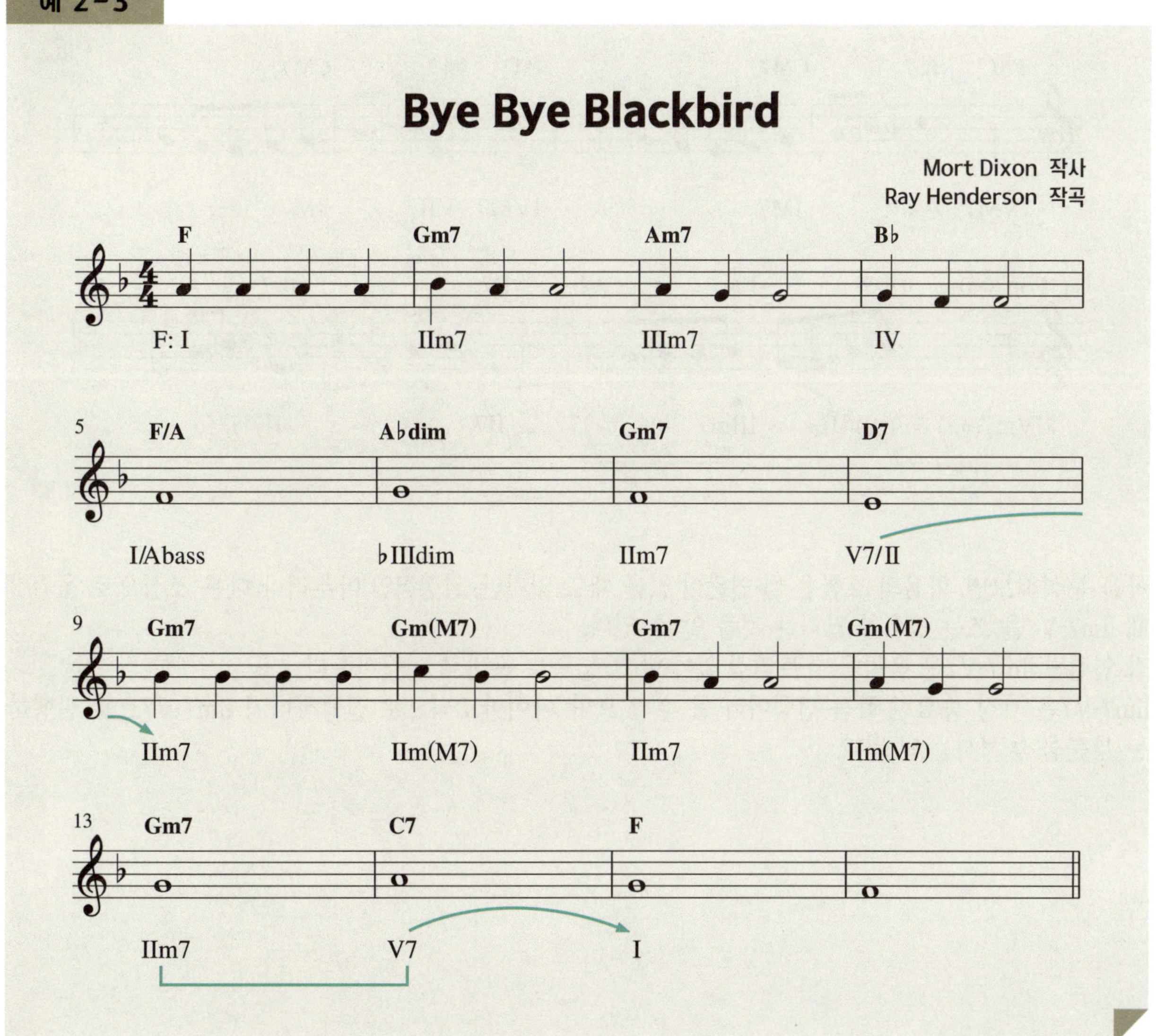

곡을 분석해보면, 화음의 흐름은 별 연관이 없을 때도 있지만, 결정적인 마무리나 다른 조성으로 옮겨갈 때 IIm7-V7을 쓰는 경우가 많다는 것을 알 수 있다.

잘 연결된 IIm7-V7은 음악을 흐트러짐 없이 한 방향으로 곧바로 이끌어준다.

IIm7-V7은 가장 중요한 화음 진행이라 할 수 있으며, 다이아토닉으로 진행하다가 IIm7-V7으로 진행하는 부분을 놓쳐서는 안 된다.

5도권(Circle of Fifth)

(1) 5도권

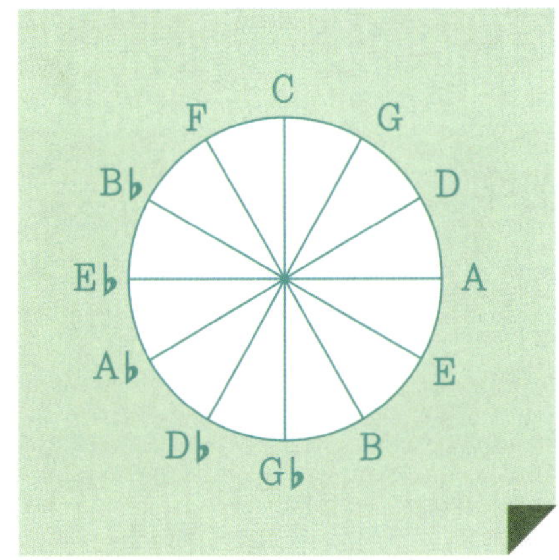

5도권이란 왼쪽의 도표에서 왼쪽(반시계 방향)으로 C-F-B♭-E♭-A♭-D♭-G♭-B-E-A-D-G를 거쳐서 다시 C로 되돌아가는 순환 과정을 말한다.
화음 진행에서 완전5도 아래(C4⇨F3)나 완전4도 위(C4⇨F4)로 진행하는 것이 가장 강력한 움직임이다.
바로 5도권을 이용한 진행이다.

(2) 도미넌트 모션(Dominant Motion)

왜 G7은 C로 가려 할까?
도미넌트의 역할을 알아보자.

G7은 장화음의 성격을 가지고 있으나, M7과 달리 단7도를 갖고 있다.
G7의 트라이톤인 B음과 F음이 증4도를 이루는데, B음은 가장 가까운 C음으로 가려 하고, F음 역시 반음 아래의 E음으로 가려고 한다. 이를 **도미넌트 모션**이라 한다.
C음과 E음은 C 코드의 가장 중요한 1도와 3도를 이룬다.

(3) IIm7 - V7 - I

전통 화성에서 쓰이는 IV - V7 - I의 정격종지(Authentic Cadence)보다 훨씬 더 확실하게 움직이는 방향을 보여주며, 앞으로 나아가는 느낌을 주는 진행이 IIm - V7 - I이다.
모든 근음은 5도권을 따라 커다란 수레바퀴의 움직임을 보이면서 돌아간다.

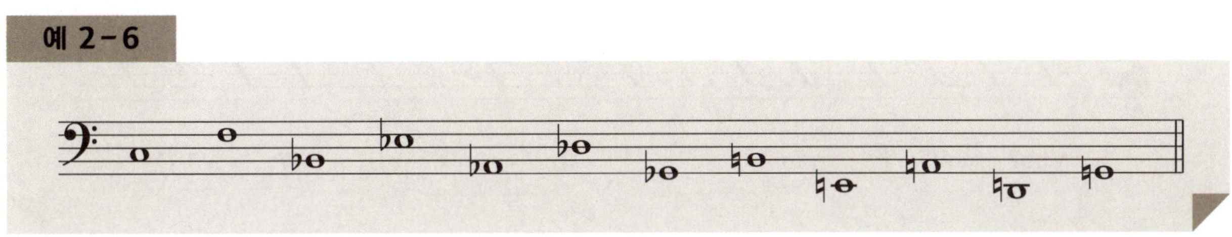

조성을 벗어나지 않기 위해서 II는 단화음으로 사용한다.
즉, IIm7 - V7 - I이 된다.

예 2-7

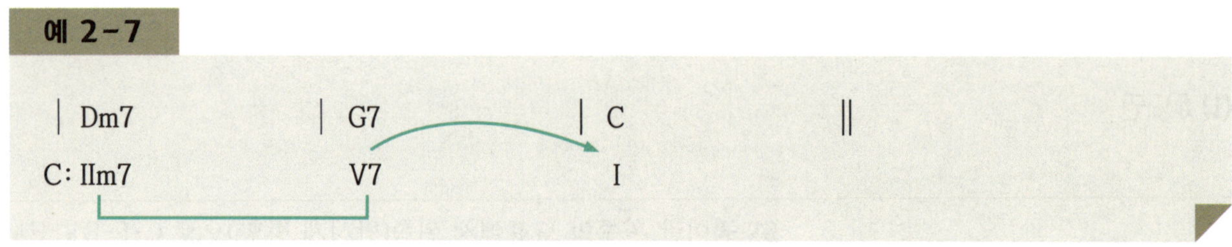

└──┘는 하나의 묶음으로 들리는 IIm7 - V7을 한 개의 덩어리로 만든다.
화살표(⌒→)는 V7에서 I로 가는 강력한 진행을 나타낸다.

다음 예를 분석해 보자.

예 2-8

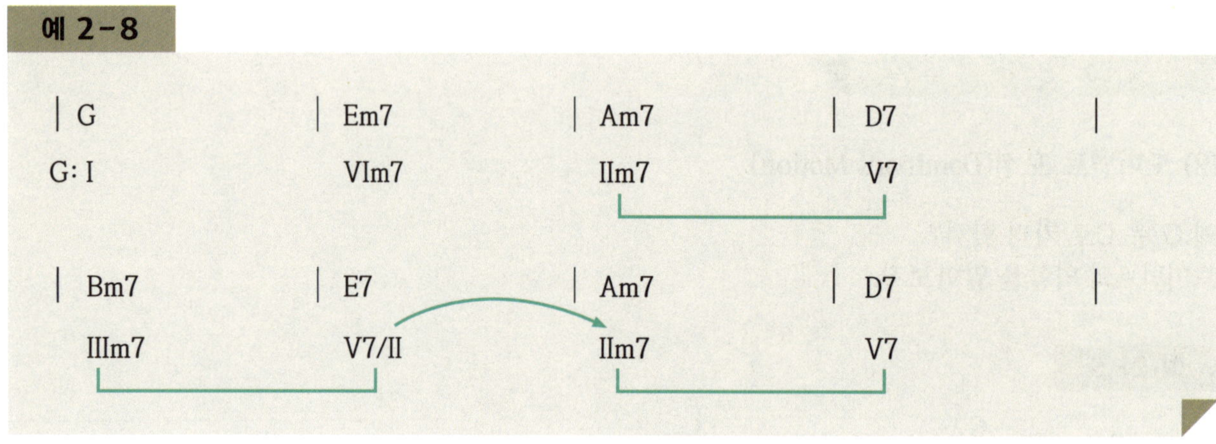

IIm7 - V7 - I은 실용음악의 기본을 이룬다.
루트 모션으로 불리는 IIm7 - V7 - I은 가장 뚜렷한 화음 진행이라고 할 수 있겠다.
루트 모션이란 도미넌트 움직임이 아니더라도 베이스가 도미넌트의 움직임을 하는 것을 말한다.

다음 화성 분석의 예를 살펴보자.

예 2-9

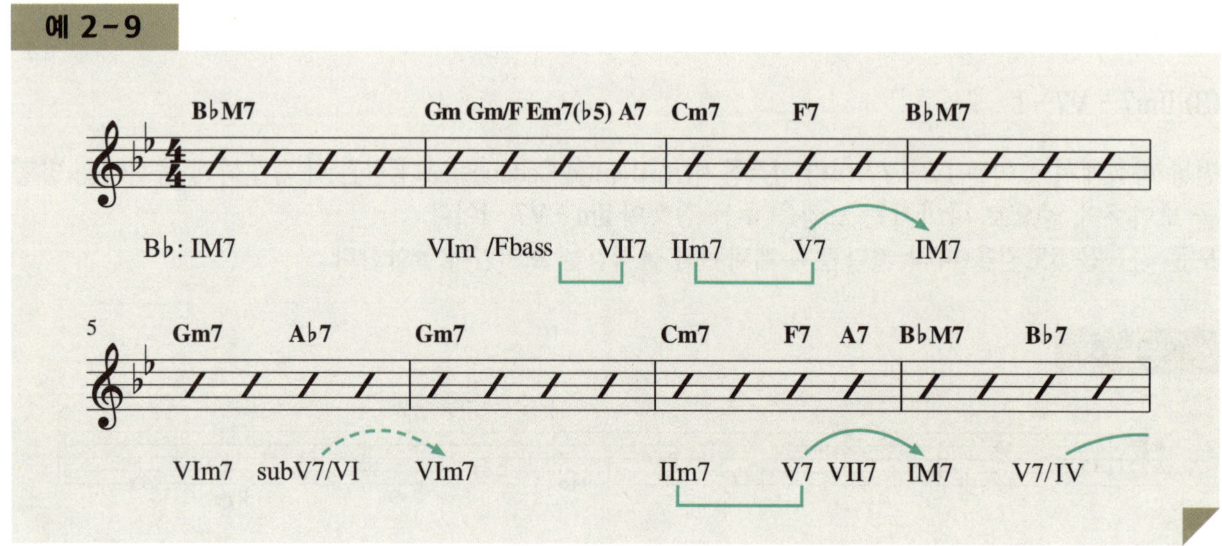

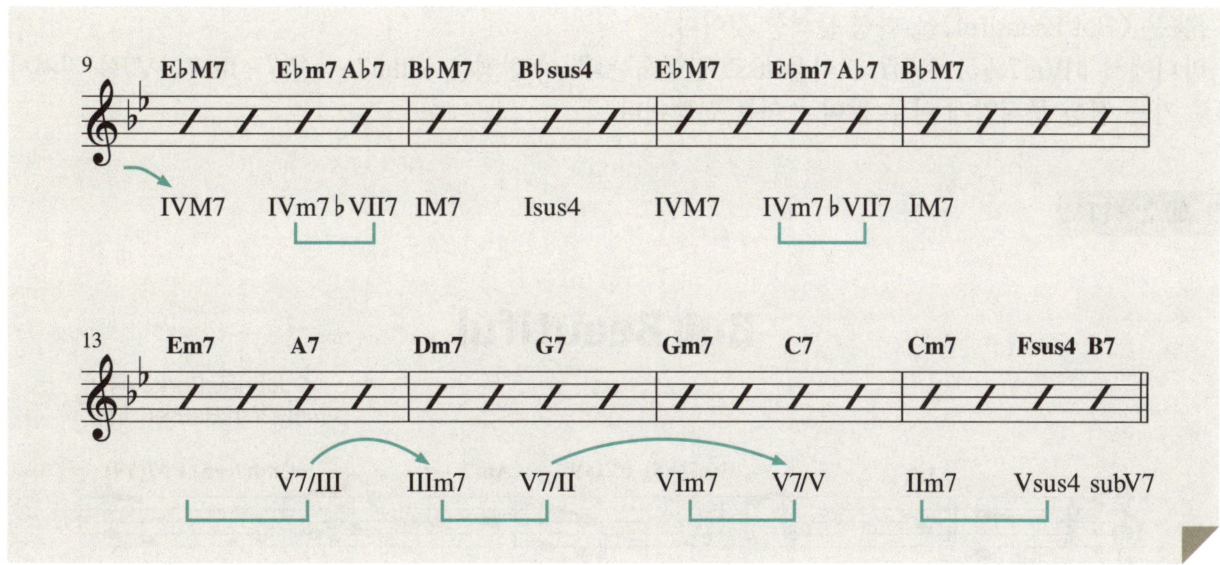

다음은 〈Afternoon In Paris〉를 화성 분석한 것이다.
이 곡에서는 Ⅱ - Ⅴ - Ⅰ 다음, Ⅰ이 바뀌는 조성의 Ⅱm로 바뀌며 온음 아래로 전조한다.

예 2 – 10

다음은 〈But Beautiful〉을 화성 분석한 것이다.

4마디에서 #IVm7(♭5) - VII7, 그다음 I6로 진행하는데, 이 진행은 ♭IIIm7 - ♭VI7 - IIm7 - V7을 거쳐서 I로 가는 진행 못지않게 아주 많이 쓰이는 진행이다.

예 2-11

다이아토닉 코드가 아닌데도 우리 귀에 자연스럽게 들리는 코드들이 있다.

그 코드들은 다음에 나오는 코드와 어떠한 관계를 갖고 있다. 다이아토닉 코드가 아닌 코드를 쓰려면, 우선 5도 아래나 4도 위의 코드를 생각해 볼 수 있다.

그렇게 쓰여지는 코드는 자연스레 연결되는 하나의 고리처럼 들린다.

C7의 트라이톤인 E음과 B♭음은 각각 반음 거리인 F음과 A음으로 가려는 성질을 갖고 있기 때문에 F 코드로 진행한다.

예 2-12

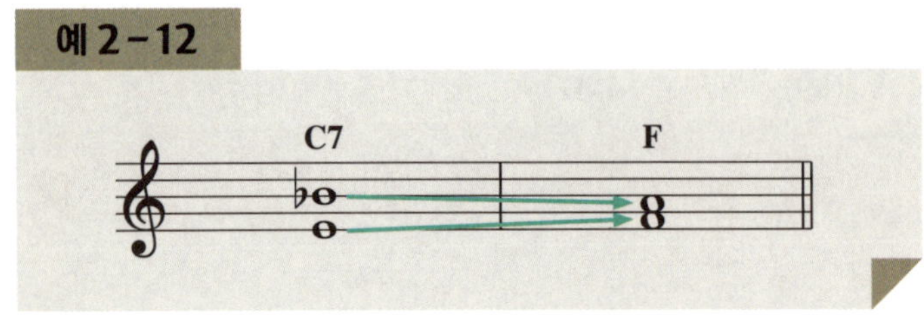

5도권을 도미넌트 7th 코드로 생각하면, C7-F7-B♭7-E♭7-A♭7-D♭7-G♭7-B7-E7-A7-D7-G7-C7 이다.

이 5도권을 이용한 진행은 실용음악에서 가장 널리 쓰이는 진행 중 하나이다.

이 진행은 다른 진행보다 가려는 방향을 좀 더 명확하게 보여주며, 듣는 이에게 어떤 힘찬 흐름을 느끼게 한다.

또 실용음악에서 가장 중요한 비트를 느끼게 해주며, 화음만 들어도 이곳이 강박자인지, 약박자인지 구분하게 해준다.

다음 코드 진행을 살펴보자.

예 2-13

	CM7		Dm7		Em7		FM7	‖
C:	IM7		IIm7		IIIm7		IVM7	

	CM7		FM7		Em7		Am7	‖
C:	IM7		IVM7		IIIm7		VIm7	

CM7에서 Dm7으로 가는 진행은 다이아토닉 화음이기 때문에 무난하게 들린다.

CM7에서 FM7으로 가는 진행도 다이아토닉 화음이지만, 더 명확하고 강한 느낌을 준다. 도미넌트 코드는 아니지만, 베이스가 도미넌트의 움직임(도미넌트 모션)을 하기 때문이다.

많은 음악에서 5도권 진행을 볼 수 있으며, 5도권 진행은 강하게 앞으로 나아가려는 느낌을 주어서 한 번만 들어도 기억할 수 있다.

경우에 따라 조성에서 너무 멀어지는 것을 막기 위해서 다이아토닉 5도권을 사용하기도 한다.

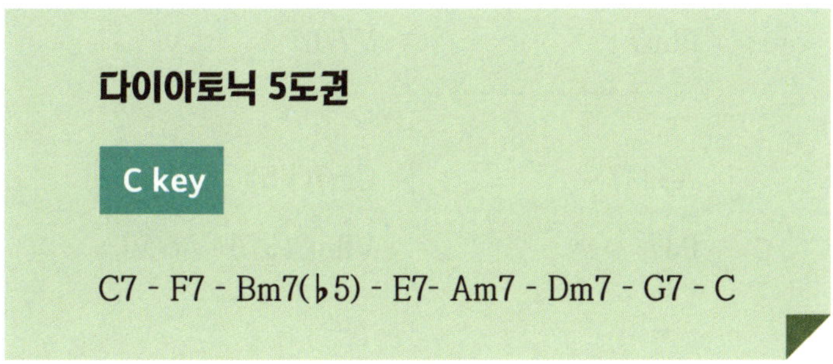

모든 베이스 음들은 가급적 5도권으로 움직이면서 다이아토닉 음을 주로 사용한다.

또 5도권의 진행은 반드시 I부터 시작하지 않아도 된다.

그 예제곡으로 **예 2-14** 를 살펴보자.

| Fm7 | B♭m7 | E♭7 | A♭M7 | |
| A♭: VIm7 | IIm7 | V7 | IM7 | |

| D♭M7 | Dm7 | G7 | CM7 | ‖ |
| IVM7 | C: IIm7 | V7 | IM7 | |

| Cm7 | Fm7 | B♭7 | E♭M7 | |
| E♭: VIm7 | IIm7 | V7 | IM7 | |

| A♭M7 | Am7　　D7 | GM7 | | ‖ |
| IVM7 | G: IIm7　　V7 | IM7 | | |

| Am7 | D7(♭9) | GM7 | | |
| IIm7 | V7(♭9) | IM7 | | |

| F♯m7 | B7(♭9) | EM7 | Caug7 | ‖ |
| E: IIm7 | V7(♭9) | IM7 | A♭: Vaug7/VI | |

| Fm7 | B♭m7 | E♭7 | A♭M7 | |
| VIm7 | IIm7 | V7 | IM7 | |

| D♭M7 | D♭m7 | Cm7 | F7 | |
| IVM7 | IVm7 | IIIm7 | V7/II | |

| B♭m7 | E♭7 | A♭M7 | Gm7(♭5)　　C7 | ‖ |
| IIm7 | V7 | IM7 | VIIm7(♭5)　　V7/VI | |

이 곡에서는 Eb-Ab-D-G-C-F-Bb-Eb-Ab-Db 까지 거의 완전한 5도권을 이루고 있다.
다이아토닉 화음이 아닌 4마디의 G7은 Cm7으로 가기 위한 도미넌트이고, 7마디의 Bbm7은 Eb7으로
가기 위한 IIm7이다. 이렇게 생각하면, 이 곡은 화음 구조가 다이아토닉을 응용한 5도권이 주종을 이룬
다는 것을 한눈에 알 수 있다.

다음은 〈Jun's Tune〉의 처음 여덟 마디이다. 이 곡 역시 앞의 곡과 같은 예이다.

예 2-16

다음은 5도권을 이용해 IIm7부터 시작되는 곡인 〈Autumn Leaves〉를 화성 분석한 것이다.

예 2-17

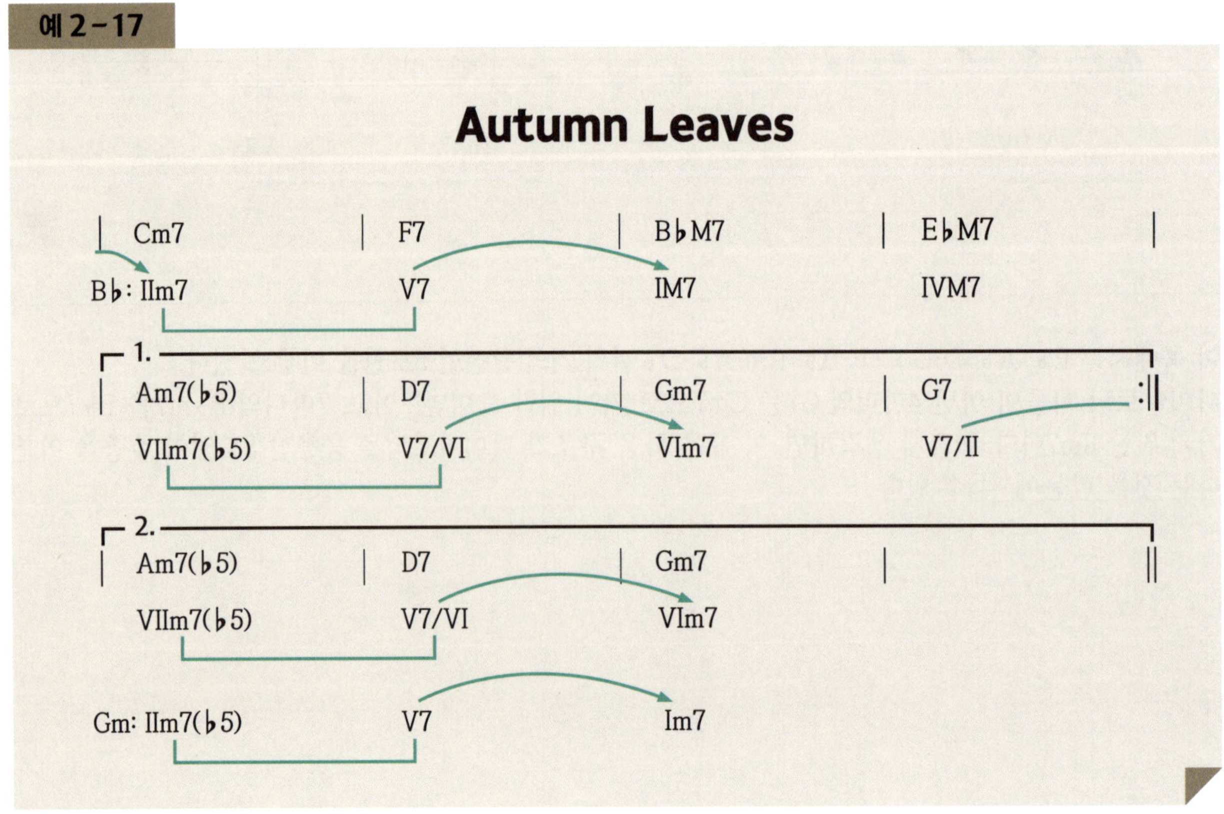

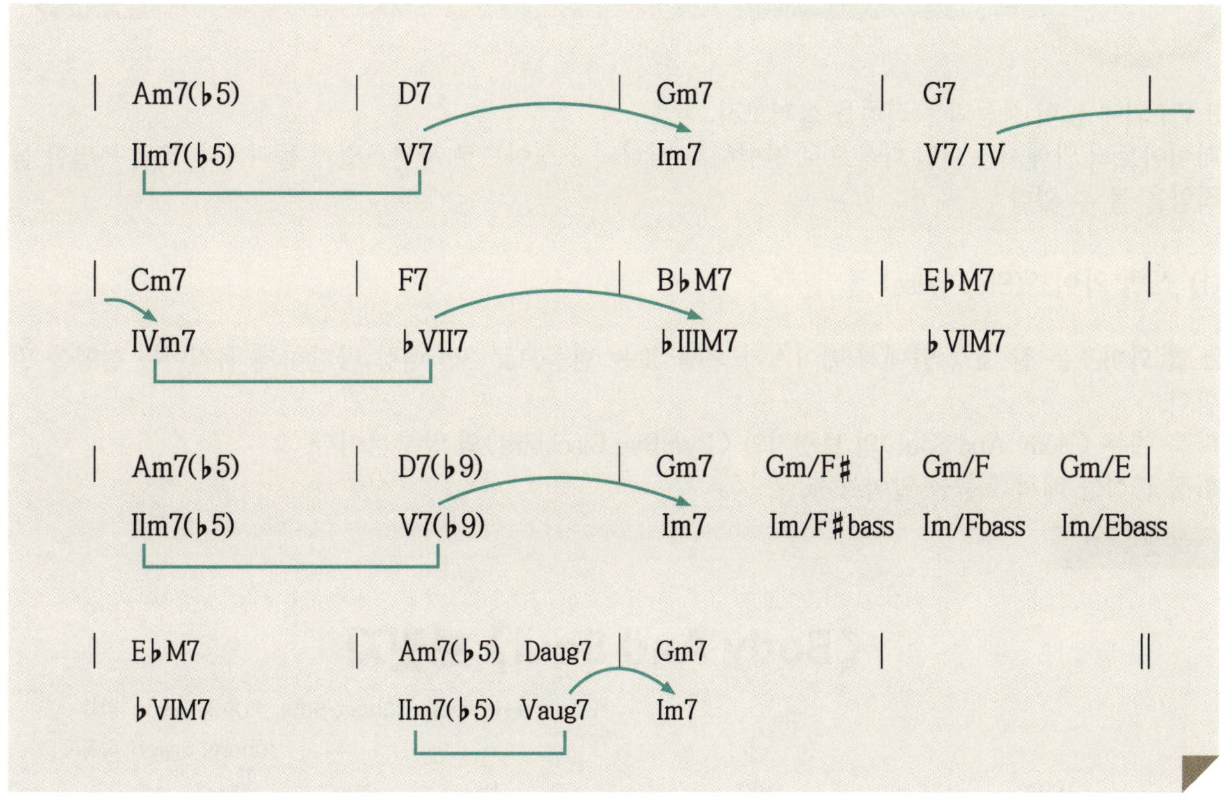

이 곡은 처음에 5도권을 응용하여 진행하는데, 브릿지부터는 조성을 바꿔서 또 다른 5도권을 사용한다.
5도권을 이해함으로써 곡의 코드 흐름을 쉽게 이해할 수 있다.
스탠다드 곡은 다이아토닉 화음으로 진행하다가 어느 부분에서는 5도권으로, 또다시 다이아토닉 화음
으로 진행하는 것이 일반적이다.

앞에 예로 든 스탠다드 곡들을 같은 방법으로 분석해 보자.

II-V-I 외에 많이 사용되는 진행을 살펴보자.
다이아토닉 안에서는 어떤 화음으로 진행해도 하나의 조성이므로 자연스럽게 들리는데, 몇몇 특별한 움직임을 볼 수 있다.

(1) 스텝 와이즈(Step Wise)

스텝 와이즈는 한 조성 안에서 베이스가 온음 또는 반음으로 3번 이상 나란하게 움직이는 진행을 말한다.
다음 예는 〈Body And Soul〉의 브릿지와 〈Bye Bye Blackbird〉의 앞부분이다.
화성 분석을 해서 흐름을 알아보자.

예 2-18

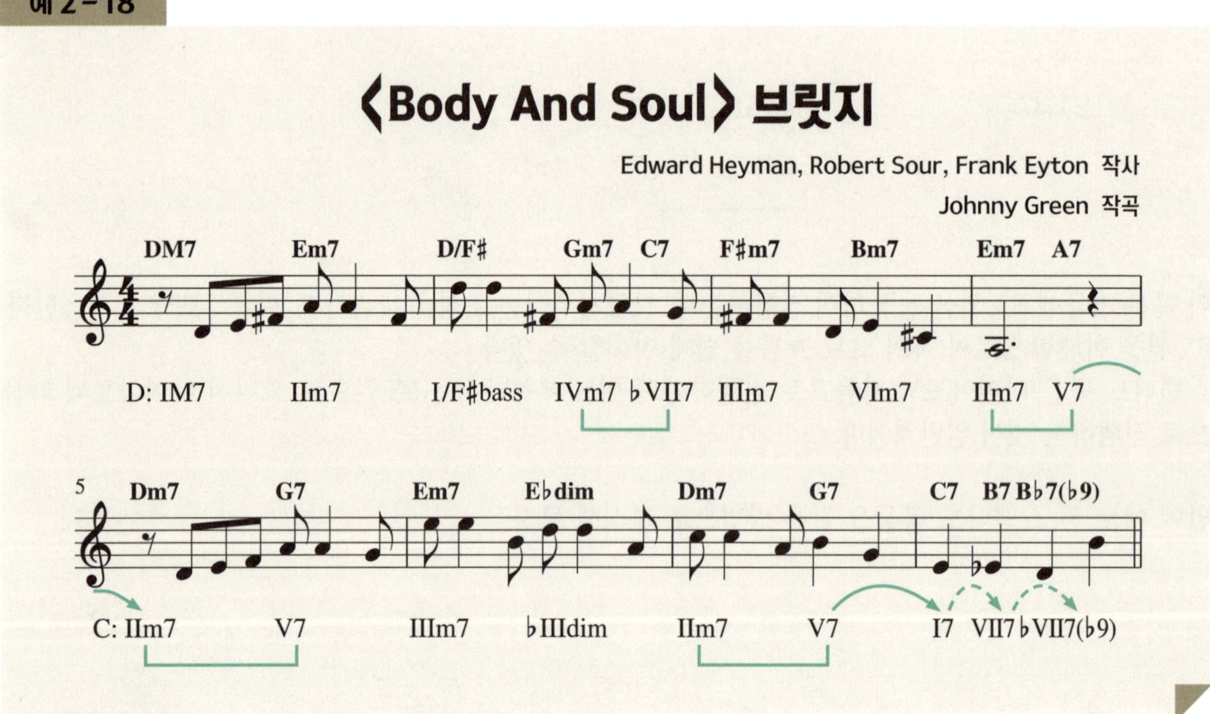

예 2-19

Bye Bye Blackbird

	F		Gm7		Am7		B♭M7	
F: I			IIm7		IIIm7		IVM7	
	F/A		A♭dim		Gm7		C7	‖
I/Abass			♭IIIdim		IIm7		V7	

(2) 연속되는 II - V

다음은 연속되는 II - V의 예이다.

예 2 - 20

이 곡의 첫 부분은 II - V - II - V - III - VI - III - VI로 이루어져 있다.
일정한 II - V의 연속이다.
II - V가 반음 내려가서 반복되는 경우도 있다.

다음은 〈인형〉을 화성 분석한 것이다.

예 2 - 21

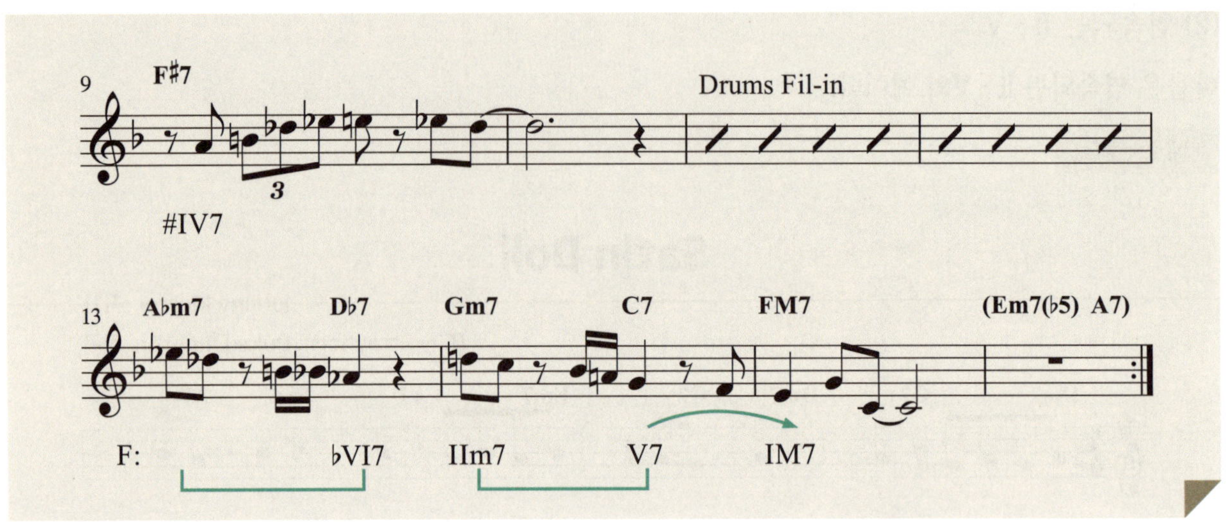

(3) 반음 위의 II - V

다음 곡 〈Just Friends〉의 진행은 앞의 내용과 상관없는 것 같지만, 밀접한 관계를 가진 IIm - V7의 진행이 사용된 곡이다.

예 2-22

Just Friends

Samuel Lewis 작사
John Klenner 작곡

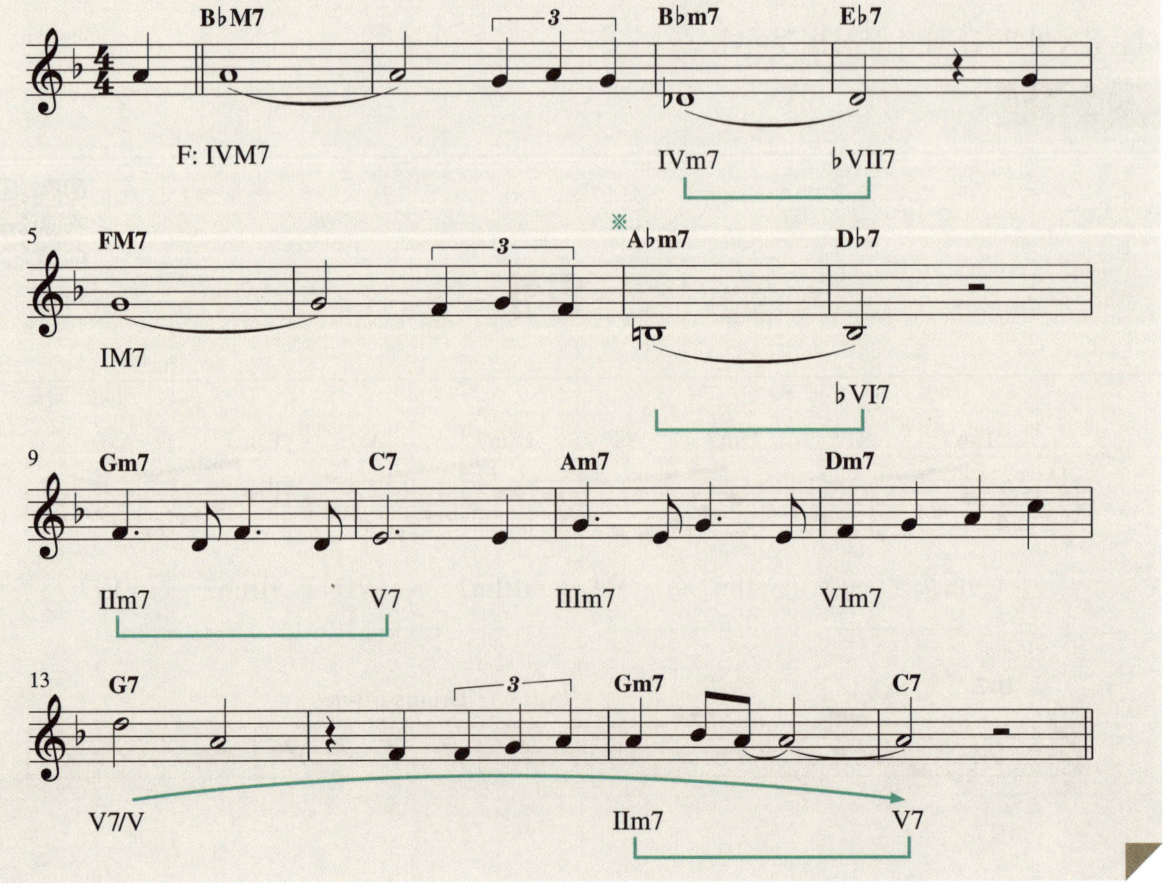

※ A♭m7은 A♭m7(♭5)로 바꿀 수도 있다.

이 부분은 다음 화음 진행의 반음 위 Ⅱ - Ⅴ가 먼저 나온 진행인데, 7마디의 멜로디와 5음이 겹치지 않기 때문에 ♭5를 사용할 수 있는 것이다.

화음의 5음은 화음 구성음 중 가장 약한 힘을 갖고 근음을 지탱해 주는 역할을 하며, 반음을 올리거나 내려도 역시 같은 역할을 한다(78페이지 무빙 라인 참조).

<편한 친구>의 앞부분을 보자. 이 곡 역시 반음 위의 Ⅱ - Ⅴ로 시작된다.

예 2 - 23

(4) 반음 아래의 II - V

예 2 - 24

Moment's Notice
John Coltrane 작곡
Em7   A7   Fm7   Bb7   EbM7   Abm7   Db7
Eb: #IV7   IIm7   V7   IM7   IVm7   bVII7
Dm7   G7   Ebm7   Ab7   DbM7   Dm7   G7
Db: #IV7   IIm7   V7   IM7   Eb: V7/VI
Cm7   Bbm7   Eb7   AbM7   Abm7   Db7
VIm7   V7/IV   IVM7   IVm7   bVII7
Gm7   Caug7   Abm7   Db7   GbM7   Fm7   Bb7
IIIm7   VIaug7   Gb: IIm7   V7   IM7   Eb: IIm7   V7

(5) 온음 위의 II - V

연장된 엔딩(Extended Ending)에서 자주 쓰인다.
다음은 〈Misty〉의 엔딩이다.

예 2 - 25

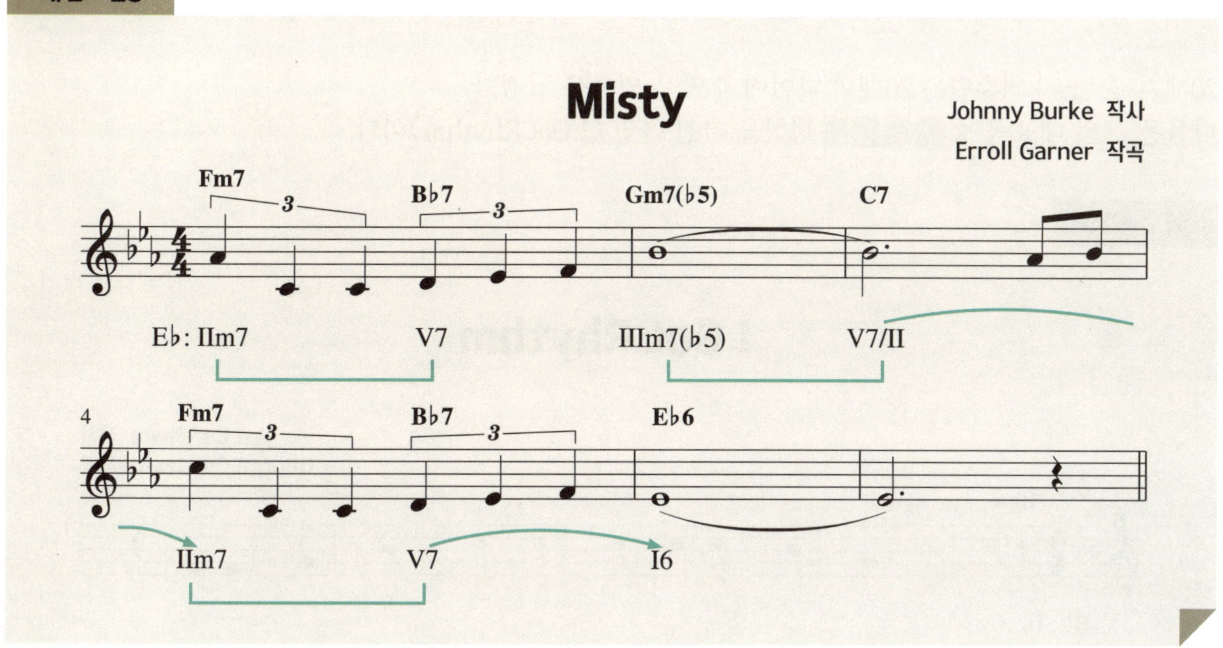

이는 스탠다드를 연주할 때 항상 쓰이는 종지이며, 이 진행으로 끝나지 않는 곡도 실제 연주할 때 연장된 엔딩을 붙이면 더욱 끝내는 듯한 분위기를 만들 수 있다.
이렇게 연속되는 II - V는 전조하지 않아도 다른 조성의 다양함을 느끼면서 자유롭게 쓸 수 있는 진행이다.
이외의 화음 진행은 차차 앞으로 스탠다드를 익히면서 직접 느끼게 될 것이다.

이상에서 설명한 화음 진행 방법은 간단하지만, 재즈가 태어나면서부터 당시 유행하던 뮤지컬, 영화의 주제를 연주하는 등의 방법으로 연주되어 온 것이 오늘날까지 이어져 온 것이다.

리듬 체인지(Rhythm Change)

리듬 체인지에 대해서 알아보자.

20세기 초, 조지 거슈윈은 20대의 나이에 수많은 명곡을 남겼다.
다음은 그의 대표곡 중 A A B A 형식을 가진 곡인 〈I Got Rhythm〉이다.

예 2-26

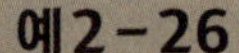

비밥 시대의 수많은 곡들은 이 화음 진행을 기반으로 이루어져 있다. 이 곡의 화음 진행을 **리듬 체인지**라고 하며, 오늘날까지도 사용되고 있다.

B♭ key로 연주되는 것이 일반적이며, 실제 연주를 할 때는 A 에서 반복되는 I 코드를 여러 가지로 변화시켜서 사용한다.

보통 B♭ - Gm7 - Cm7 - F7 진행을 많이 쓰며, 다양한 대리화음을 사용하기도 한다.
대리화음을 사용하여 Dm7 - G7 - C7 - F7, Dm7 - D♭7 - C7 - B7 등 다양한 진행을 만들어서 훨씬 음악적인 흐름을 만들기도 하는데, 이 변화무쌍한 화음 진행은 앞의 간단한 생각에서 시작된 것이다.

해보기

1. 다음은 리듬 체인지 곡이다.
   곡을 듣고 화음의 흐름을 익혀보자.

   (1) Dexterity

   (2) Oleo

   (3) Cotton Tail

   (4) Eternal Triangle

   (5) Flintstone's Theme

   (6) Lester Leaps In

   (7) Anthropology

   (8) Celia

무빙 라인(Moving Line)

무빙 라인이란 한 화음이 지속되는 가운데 화음의 한 구성음이 계속 바뀌는 것을 말한다.
다음 예제는 라틴 음악에서 자주 쓰이는 패턴이며, 무빙 라인이 지속되는 C 코드를 다양하게 장식한다.

예2-27

무빙 라인은 베이스, 윗성부, 내성 어디든지 멜로디와 겹치지만 않으면 사용할 수 있다.

라인 클리셰(Line Cliché)라고 불리기도 하는 무빙 라인 패턴에는 다음과 같은 원칙이 있다.

> ① 반드시 강박에서 시작한다.
> ② 멜로디와 겹치지 않고 충분히 움직일 수 있는 공간을 확보해야 한다.
> ③ 시작한 박자를 유지한다.
> ④ 계속 상행하거나 하행할 수도 있고, 상행하다가 하행할 수도 있다.

무빙 라인의 예

예2-28

Am7				

Am	Am(♯5)	Am6	Am(♯5)
Am	Am(M7)	Am7	Am6
Am	Am(♯5)	Am6	Am7
Am	Am(M7)	Am7	Am(M7)

무빙 라인이 사용된 곡을 살펴보자.

예2-29

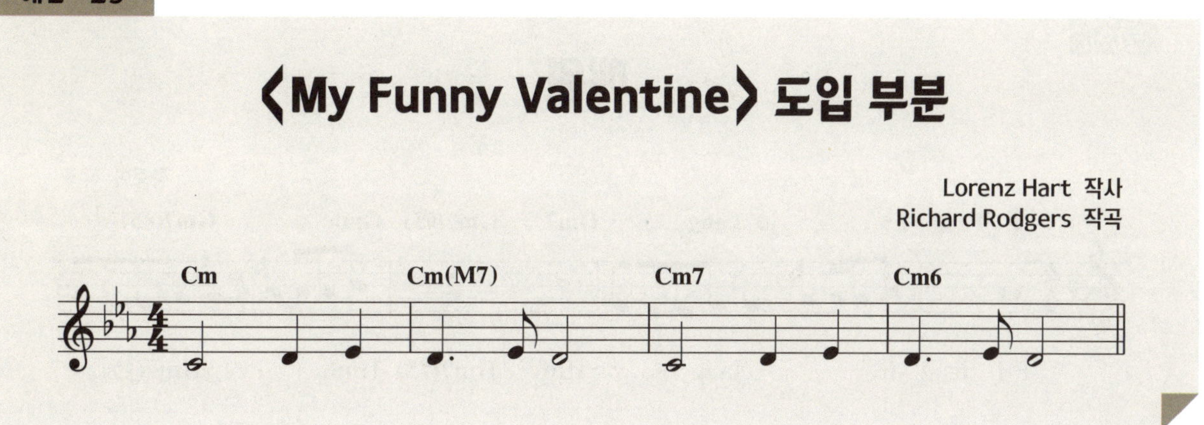

예2-30

무빙 라인은 멜로디와 베이스 사이에 또 하나의 또렷한 움직임을 만들 수 있다.
하지만 아무리 좋은 아이디어라 해도, 원래 주어진 선율을 방해한다면 아무 의미가 없다.
반드시 독립성을 갖고 움직여야 한다.
무빙 라인은 주로 IIm, Im(토닉 마이너)에서 많이 쓰이며, 메이저 코드에서도 쓰인다.

애원

이 곡은 필자의 곡으로 처음에 메이저 무빙 라인을 사용하고 바로 마이너 무빙 라인도 사용하고 있다. 귀로 익히고 여러분의 곡에도 응용하기 바란다.

1. 다음 무빙 라인 코드에 멜로디를 붙여보자.

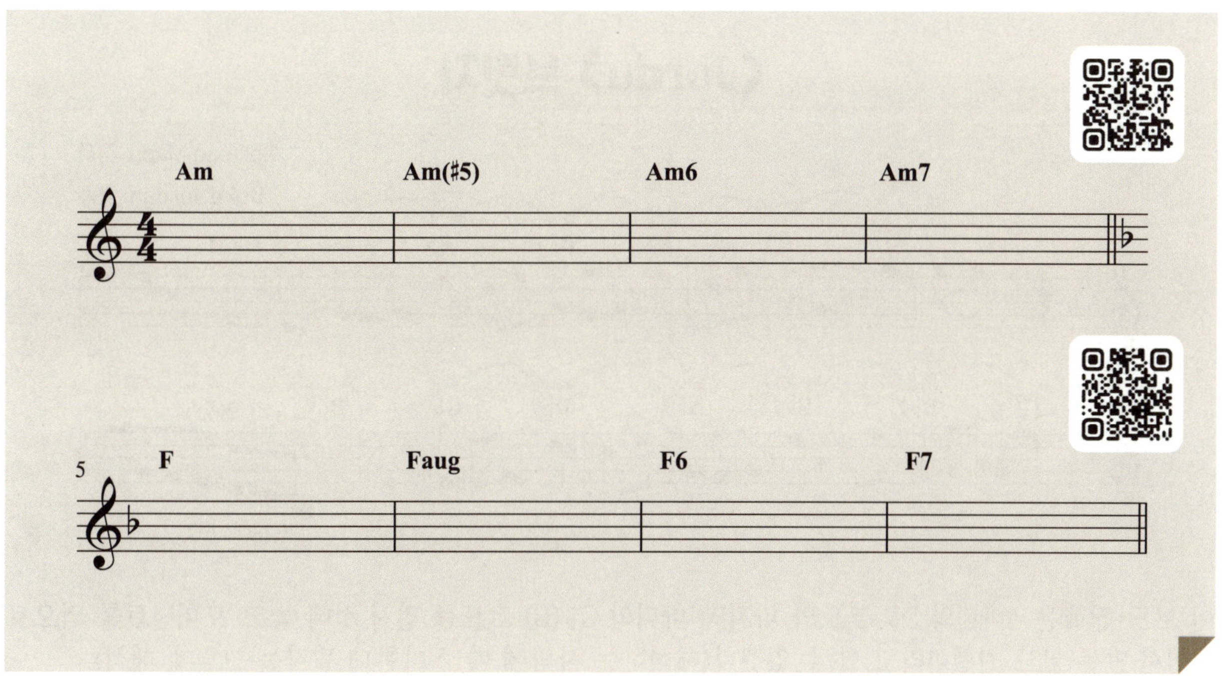

무빙 라인 또한 다른 이론과 마찬가지로 현대의 가요에도 많은 응용이 되고 있다.
(예. 이문세의 <조조 할인> 등)
여러분들도 각 key로 자기의 악기로 연주하면서 느낌을 귀로 익히고 자신의 곡에 응용하기 바란다.

06 그 외의 진행 (2)

(1) 연속되는 도미넌트(Extended Dominant)

예 2-32

이 코드 진행은 4마디의 Db 코드와 마지막 마디의 Cb(B) 코드를 먼저 정해 놓고 도미넌트를 역으로 넣어서 만든 코드 진행이라고 할 수 있겠다(해석하는 사람에 따라 다른데 필자는 그렇게 해석). 도미넌트의 모션이 이어짐으로 앞으로 나아가는 긴장을 더 느끼게 해주는 효과를 느낄 수 있다.

(2) 3 토닉 시스템(Three Tonic System)

3 토닉 시스템은 12음의 간격을 각각 장3도로 고르게 나누어서 하나의 조성으로 가정하는 것이다. 장3도 간격의 세 개의 토닉을 하나의 조성으로 생각하는 이 진행은 조성을 가진 음악의 백미라고 할 수 있다. 마치 주어는 불어, 동사는 영어, 목적어는 또 다른 언어로 하는 것과 같은 엄청난 음악적 능력이 필요한 화음 진행이다.

다음 곡은 Bb key, Gb key, D key 3개의 조성으로 이루어져 있다.

예 2-33

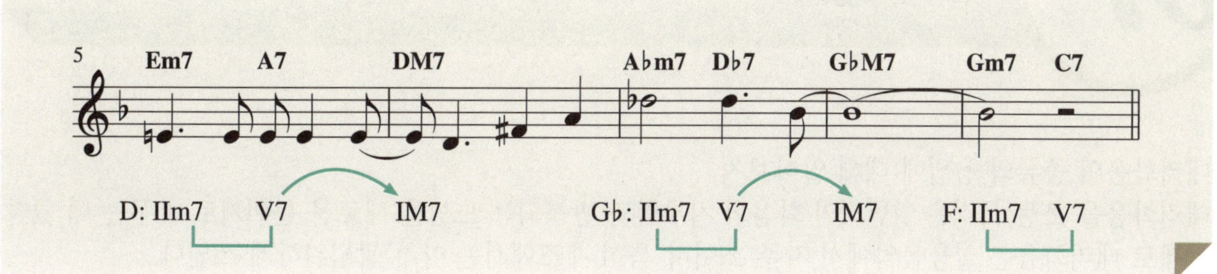

다음 곡은 B key, G key, E♭ key 3개의 조성으로 이루어져 있다.

예 2 – 34

Giant Steps

John Coltrane 작곡

이 외에 〈Gone With The Wind〉, John Coltrane의 〈Summer Time〉, 〈Countdown〉, 〈Central Park West〉, 〈But Not For Me〉 등을 예로 들 수 있다.

(3) 그 외의 진행

〈It's You Or No One〉처럼 단3도 진행으로 전조하는 경우도 있다.
특색 있게 들리는 진행이나, 3 토닉 시스템으로 불리지는 않는다.

07 대리화음(Substitute Chord)

대리화음의 종류와 용법에 대해 알아보자.
대리화음을 쓰는 목적은 일반적인 화음의 지루함과 반복되는 느낌을 새로운 분위기로 바꾸는 데 있다.
실제로 대리화음은 실용음악에서 자주 쓰이며, 특히 재즈에서는 아주 광범위하게 쓰인다.
음악적 표현력을 넓히는 것이 주목적이라 하겠다.

(1) 다이아토닉 대리화음

1) I의 대리화음

① I 대신 VIm를 쓸 수 있다.
　　VIm7은 I6의 자리바꿈으로 생각할 수도 있다.

② I 대신 IIIm를 쓸 수 있다.
　　I도 3화음에서 3도를 더 쌓으면 IM7이 된다.
　　IM7의 근음을 생략하면 바로 IIIm가 된다.

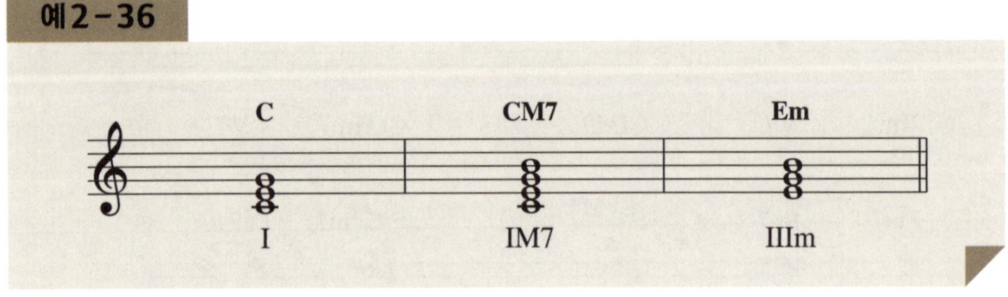

2) IV의 대리화음
IV 대신 IIm를 쓸 수 있다.

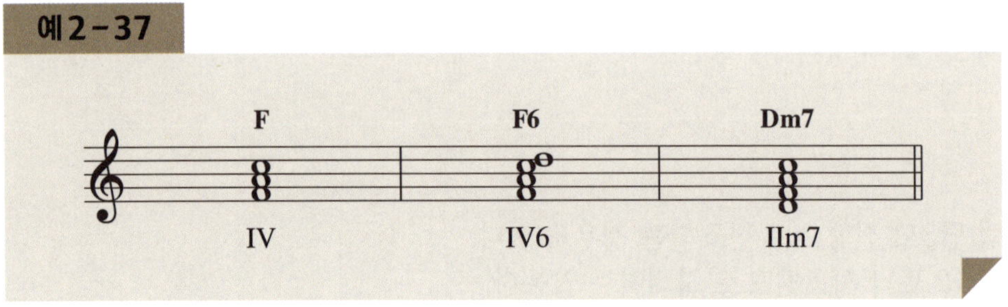

여기에서 중요한 것은 앞서 화음 구성에서 가장 우선 생각할 것이 당연히 근음, 루트라는 것이다.
그다음은 장, 단을 나타내주는 3음이며, 5음은 그대로 쓰여서 근음을 든든히 받쳐줘도 좋고, 생략해도
좋다. 5음에 ♯이나 ♭이 붙어도 그 화음의 역할이나 성질은 변하지 않는다.

3) V7의 대리화음
V7 대신 VIIm7(♭5)를 쓸 수 있다.

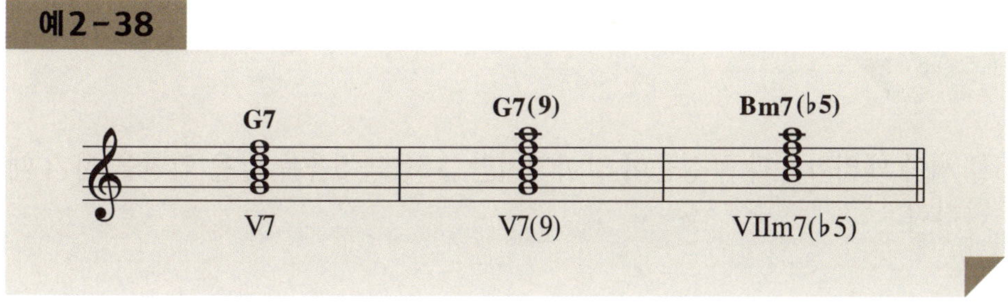

이 대리화음들은 배음의 원칙에 따라 화음을 의도적으로 쌓아서 다른 화음을 생각할 수 있는 방법으로
정해진 것이다. 이상을 다이아토닉 대리화음이라 부른다.

※ II7 대신 ♯IVm7(♭5)를 쓸 수 있다.

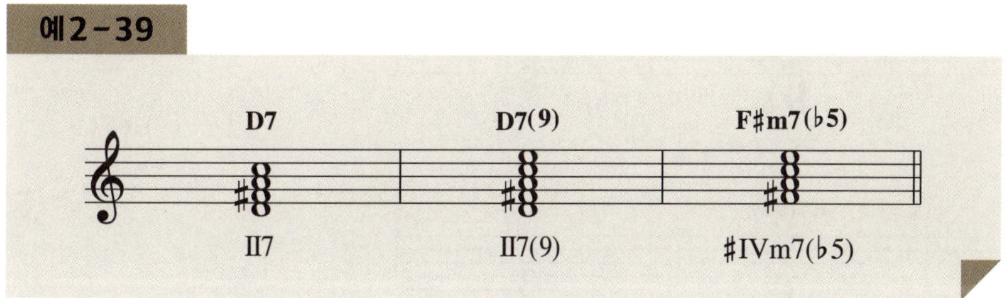

(2) 도미넌트의 증4도 대리화음(Substitute Of Dominant)

5도권에서의 강력한 도미넌트 움직임을 화음 진행에 사용하면서 도미넌트 대신 다른 화음을 생각할 수
있다. 이런 경우, G7의 5음인 D음을 반음 낮춰서 G7(♭5)로 만들 수 있다. 물론 앞서 이야기했듯이 코드
의 5음은 변화해도 그 성질은 변하지 않는다.
즉 G7 대신 G7(♭5)를 쓸 수 있다는 것이다.

그런데 G7(♭5)는 D♭7(♭5)와 구성음이 같다.

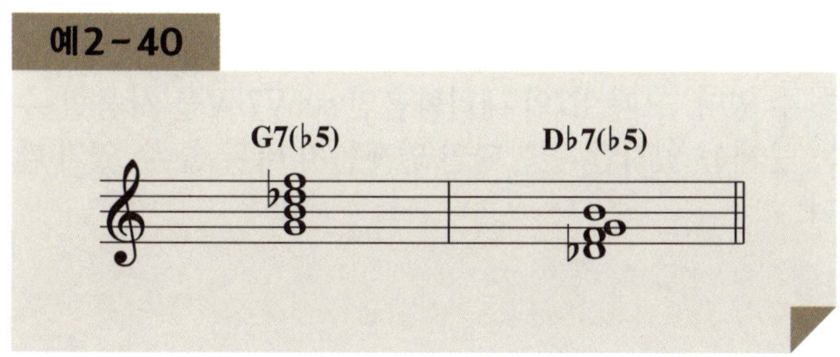

이처럼 5도권에서 대각선으로 마주 보고 있는 음의 도미넌트는 같은 역할을 한다고 볼 수 있다.

G7 = D♭7   D♭7 = G7
C7 = G♭7   G♭7 = C7
F7 = B7   B7 = F7
B♭7 = E7   E7 = B♭7
E♭7 = A7   A7 = E♭7
A♭7 = D7   D7 = A♭7

물론 기존 도미넌트에 ♭5를 써야 대리화음과 구성음이 같아지지만, ♭5음과 5음은 같은 역할을 하기 때문에 그대로 사용해도 무관하다.

다음은 도미넌트의 대리화음을 사용하는 예이다.

예 2 – 41

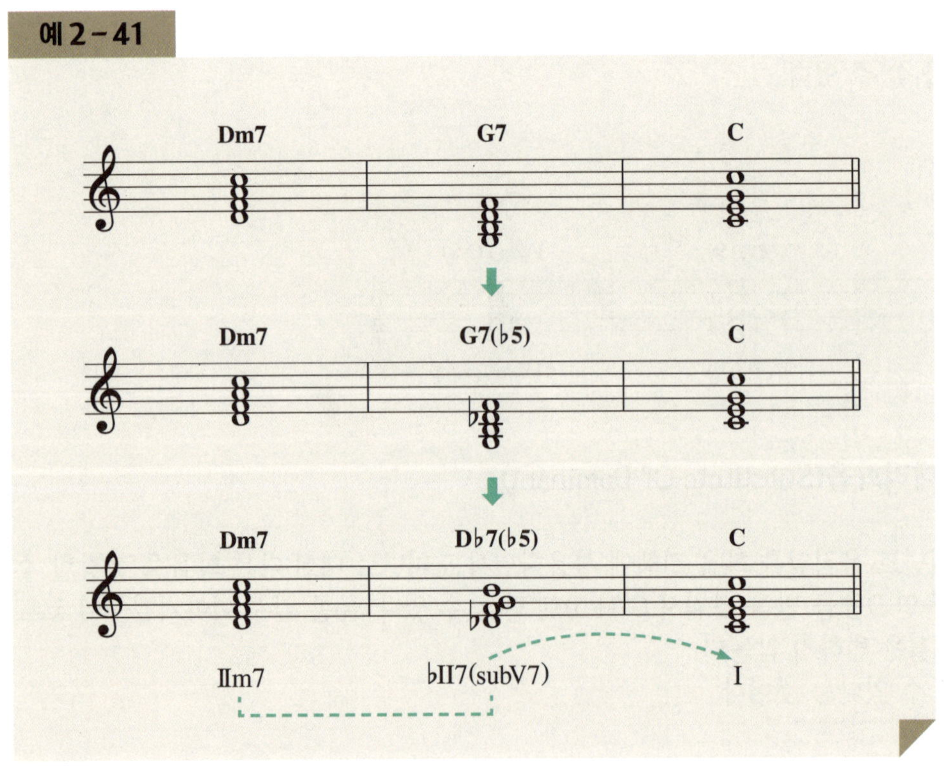

같은 맥락에서 화음의 성질이 다른 IIm7과 subV7/V를 같은 화음으로 생각할 수도 있다.
어떤 때, 다이아토닉인 IIm7을 II7(V7/V)으로 바꾸고 싶은 경우가 생긴다. 멜로디를 방해하지 않고, 좀 더 자유로운 화음을 쓰고 싶다면 당연히 바꿔 쓸 수 있다. 그때, II7의 대리화음인 subV7/V를 사용할 수 있는 것이다. 물론 바꾼 것이 좀 더 음악적이냐는 문제는 있지만, 원한다면 언제든지 바꿔 쓸 수 있기 때문에 항상 IIm7과 II7을 같은 화음으로 생각한다.

다음은 IIm7의 대리화음으로 subV7/V를 사용하는 예이다.

예2-42

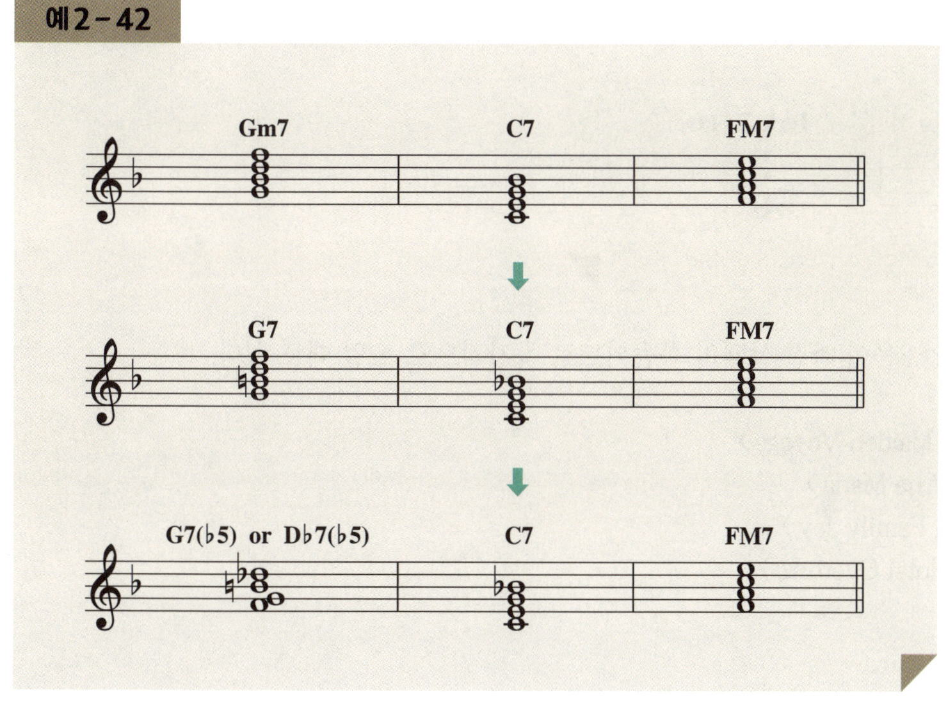

스탠다드 곡에 적절한 증4도 대리화음을 써보자.
경우에 따라 쓰고자 하는 대리화음이 멜로디와 부딪치는 경우를 보게 된다. 그럴 때는 가볍게 선율을 바꾸거나, 대리화음의 성질을 바꿔서 써야 한다. 늘 강조하지만, 이 모든 작업은 선율을 장식하기 위한 작업이기 때문이다.

(3) sus4(Suspended 4th)

sus4는 3음을 반음 올린 형태로, 주로 도미넌트에서 사용하는 화음이다.
전통 화성에서 쓰이듯이 sus4 다음에 도미넌트로 해결하는 것이 정상이다.

예2-43

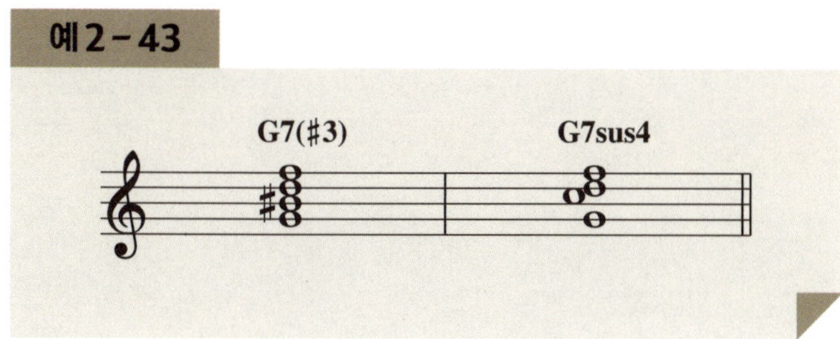

G7sus4(♭5)는 D♭M7(♯11)와 일치한다.

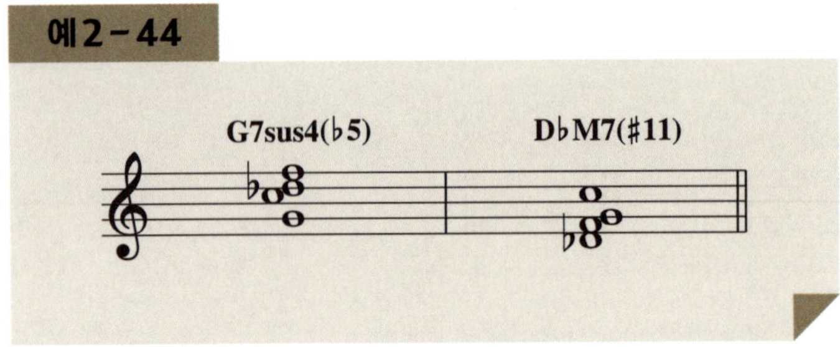

sus4는 결정적인 구성음인 3음이 빠진 상태의 화음이므로 독자적으로 쓰일 때도 있다.

예 Herbie Hancock의 〈Maiden Voyage〉
Wayne Shorter의 〈Ana Maria〉
Micheal Gibbs의 〈A Family Joy〉
Steve Swallow의 〈Hotel Overture〉

08 턴 어라운드(Turn Around)

우리가 흔히 볼 수 있는 대부분의 32마디 A A B A 형식 음악은 A 8마디 반복, 그리고 브릿지 B 8마디, 다시 A 8마디가 일반적인 형태이다.
그리고 다시 반복을 위해서 마지막 두 마디는 A 의 첫 화음에 맞춰서 화음을 진행하는데, 이것이 **턴 어라운드**이다.

A 8마디 반복의 경우, 일번 괄호(⌐1. ─────)의 첫 화음이 I이라면, 다음 화음 진행을 거쳐 다시 처음의 I로 진행할 것이다.

예 2 – 45

| C   Am7 | Dm7   G7 ||

C: I   VIm7   IIm7   V7

예 2 – 45 의 진행을 대리화음을 사용해서 다음과 같이 바꿀 수 있다.

예 2 – 46

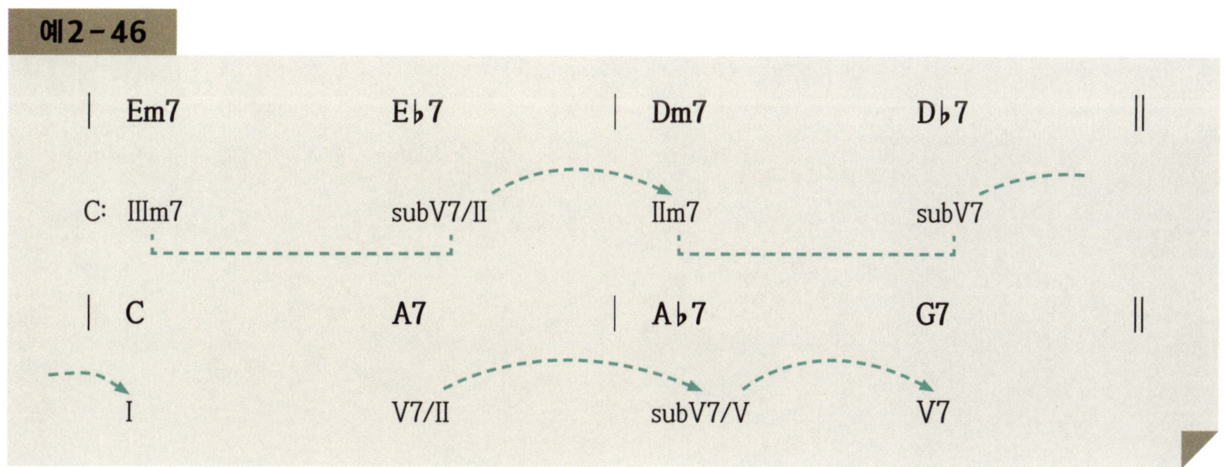

이외에도 여러 가지 방법으로 응용할 수 있다.
스탠다드 곡에서 항상 볼 수 있는 턴 어라운드는 평소에 악기로 연습하기 좋은 진행이다.

턴 어라운드는 다음에 돌아갈 부분을 정확하게 나타내주며, 악보에 표시되어 있지 않더라도, 연주자나 편곡자는 항상 이를 감안하고 턴 어라운드를 만들어 넣는 수고를 겪어야 한다.

다음 스탠다드 곡에 쓰이는 턴 어라운드를 각 조성으로 연습하고, 여러 가지로 응용해 보자.

예 2 – 47

CM7	B♭7	A♭7	G7	‖
CM7	E♭7	D	D♭7	‖
CM7	E♭M7	F♯M7	AM7	‖

제3장

모드와 코드 스케일
(Mode & Chord Scale)

이 장에서는 각 화음의 쓰임새와 각 화음에 사용할 수 있는 음계에 대해 설명하고자 한다.

01 모드(Mode)

모드란 중세 유럽에서 쓰이던 선법을 말한다.
모드는 중세 서양에서 완성되었으며, 기독교를 바탕으로 궁중과 교회, 그리고 일반인들에게까지 퍼져나갔다.

당시의 음악은 신격화되어 신을 찬양하는 수단이었으며, 일반인들이 접하기 쉽지 않은 엄청난 아름다움 그 자체였다. 또 당시에는 평균율이 나오기 전이었으므로, 한 옥타브를 고르게 12개로 나눌 생각을 하지 못했고, 당연히 전조도 생각하지 못했다. 그래서 각 악기는 그 악기에 맞는 한 개의 조성으로만 연주할 수 있었다.

장음계는 3도와 4도, 7도와 8도 사이가 반음, 나머지 음의 간격은 온음이다.
장음계의 시작음(1음)이 C음이면 C 장조로 불리고, D음으로 시작하면서 장음계의 반음, 온음 간격을 유지한다면 D 장조로 불린다.

하지만 중세의 악기들은 그렇게 자유롭지 못했다. D음으로 시작하는 음계도 여전히 E음과 F음 사이, B음과 C음 사이는 반음이었다.

다음 두 음계는 반음 관계인 음은 같으나, 시작하는 음이 다르다.

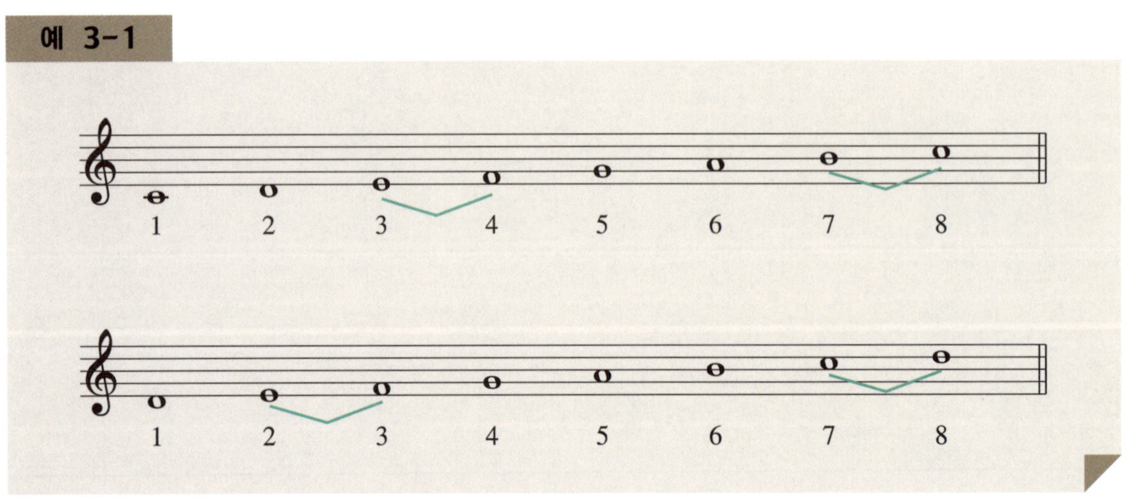

E음과 F음 사이, B음과 C음 사이는 반음이며, C음으로 시작하는 음계를 C 아이오니안(Ionian)이라 부른다.
D음에서 시작하지만 여전히 E음과 F음, 그리고 B음과 C음이 반음인 음계를 D 도리안(Dorian)이라 부른다.

위와 같은 반음을 가지며 E음에서 시작되는 음계를 E 프리지안(Phrygian), F음에서 시작되는 음계를 F 리디안(Lydian), G음에서 시작되면 G 믹소리디안(Mixo-Lydian), A음에서 시작되면 A 에올리안(Aeolian), B음부터 시작되면 B 로크리안(Locrian)이라 부른다.

음계가 시작되는 음에 따라서 다른 이름을 가진 모드는 오늘날에도 중세 시대 때와 같은 이름으로 불린다.
모드의 이름들은 새 이름을 붙일 필요를 느끼지 못해서 오랜 세월을 두고 그대로 쓰이고 있으며, 서양 음계로 이루어진 음악의 뿌리를 이루고 있다.

다음은 모드를 정리한 것이다.

예 3-2

C key에서 IIm7인 Dm7에서 쓸 수 있는 음계를 알아보자.

Dm7의 구성음을 나란히 순차적으로 연결하면 다음과 같다.
C key이기 때문에 조표나 임시표를 사용하지 않는다.

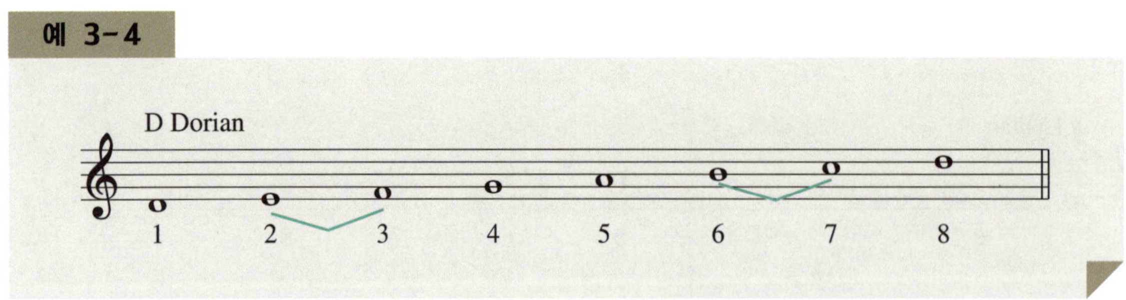

이는 바로 D 도리안이 되며, 우리가 사용하던 기존의 단조와는 다른 음계가 된다.
구성음이 D, E, F, G, A, B♭, C가 아닌 D, E, F, G, A, B, C가 된다.
이는 IIm에서는 도리안을 쓰는 것이 가장 적합하다는 결론이 된다.

같은 방법으로 C key의 V7인 G7에서 쓸 수 있는 음계를 알아보자.

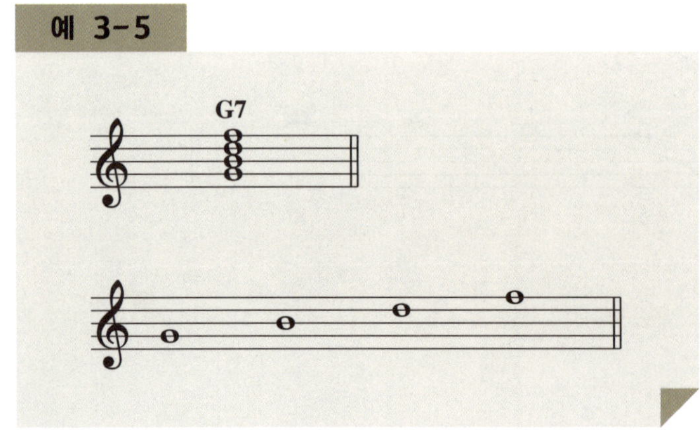

이것 역시 우리가 예상한 G 장음계가 아닌 G 믹소리디안이 된다.

예 3-6

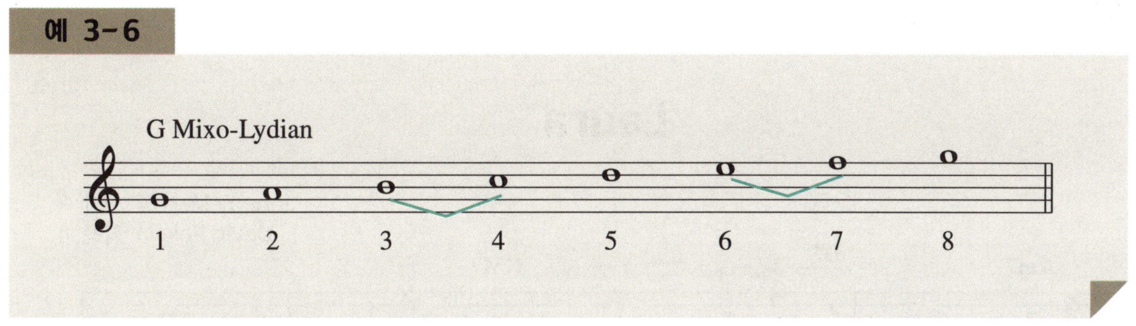

※ 이후부터 모드를 약자로 표기한다.

Ionian : Ion

Dorian : Dor

Phrygian : Phr

Lydian : Lyd

Mixo-Lydian : Mixo

Aeolian : Aeo

Locrian : Loc

많은 곡에서 다음과 같은 진행을 볼 수 있다.
이것은 Dor 다음 Mixo으로 이루어져 있다고 봐도 된다는 결론이 된다.

예 3-7

Dm7	G7	CM7	
C: IIm7	V7	IM7	
D Dor	G Mixo	C Ion	

 의 화음 진행을 사용한 곡이다. 각 화음에서 사용하는 스케일은 다음과 같다.

※ 변형된 Mixo에 대해서는 추후 제4장에서 설명한다.

코드 스케일 (Chord Scale)

C key의 다이아토닉 화음에 해당하는 스케일은 다음과 같다.

IM7 : C Ion
IIm7 : D Dor
IIIm7 : E Phr
IVM7 : F Lyd
V7 : G Mixo
VIm7 : A Aeo
VIIm7(♭5) : B Loc

마찬가지로 F key의 다이아토닉 화음에 해당하는 스케일은 다음과 같다.

IM7 : F Ion
IIm7 : G Dor
IIIm7 : A Phr
IVM7 : B♭ Lyd
V7 : C Mixo
VIm7 : D Aeo
VIIm7(♭5) : E Loc

이는 모든 key에 적용된다.

코드 구성음 이외에 자유롭게 추가할 수 있는 음을 **텐션(Tension)**이라고 한다.
텐션은 사전적 뜻 그대로 긴장감을 주면서 기본 화음에 훨씬 더 풍부한 표현력을 준다. 물론 배음의 원칙에 따라 울린다는 가정하에 쌓은 소리이며, 실용음악, 특히 재즈에서 중요한 쓰임새를 갖는다.
단순한 3화음만으로는 원하는 바를 충분히 표현하기 어렵기 때문에 텐션은 모든 근래 음악에서 꼭 필요한 요소이며, 단순한 화음만을 다루는 초기 고전음악과 큰 다른 점이기도 하다.

(1) 아이오니안(Ionian)

C 아이오니안에서 각 음의 역할은 다음과 같다.

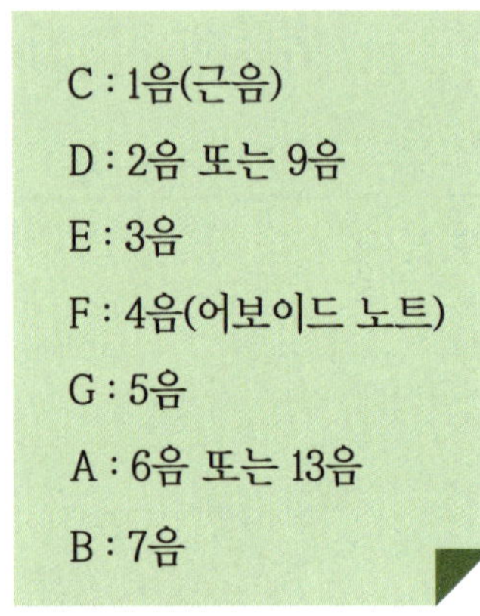

예 3-9

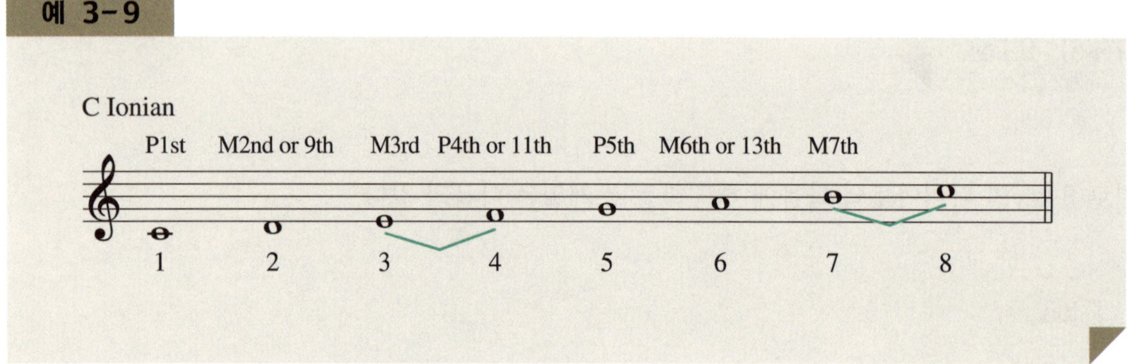

각 음 위에는 근음과의 음정을 기입했다.
P는 근음과 완전음정(Perfect) 관계, M은 근음과 장음정(Major) 관계란 것을 나타내며, 이 음계에 근음과 단음정(m) 관계인 음은 없다.

다음은 C 장조에서 나올 수 있는 모든 음들을 3도씩 쌓아 올린 것이다.

예 3-10

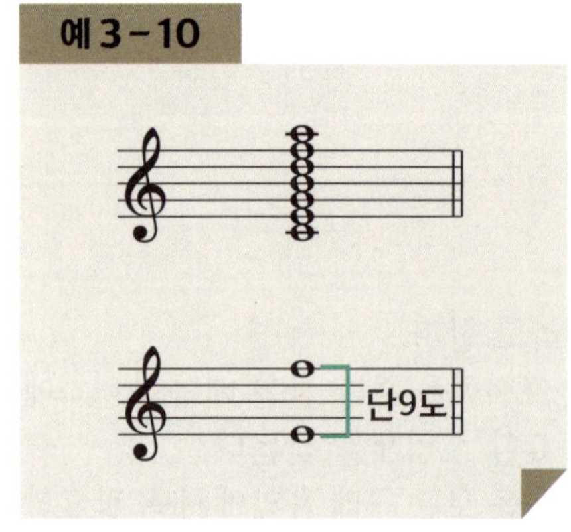

그런데 E음과 옥타브 위의 F음이 단9도가 된다.
단9도(♭9)는 다른 아름다운 음들의 울림을 방해하기 때문에 특별한 경우를 제외하고는 사용하지 않는다. 이를 **어보이드 노트(Avoid Note)**라고 하며, 경과음이나 중요하지 않은 경우를 제외하고는 절대 사용할 수 없는 음이다. 보조음(Auxiliary Tone)이나 경과음(Passing Tone)으로 짧게 쓰일 수는 있지만, 절대 독립적으로는 쓰이지 않는다는 말이다. 여기에서 독립적이라 함은 중요한 의미를 가진다.

아이오니안에서는 1음, 3음, 5음, 7음 네 개의 코드 구성음 외에 9음, 13음(6음)을 텐션으로 자유롭게 추가해서 사용할 수 있으며, 4음(11음)인 F음은 어보이드 노트이다.

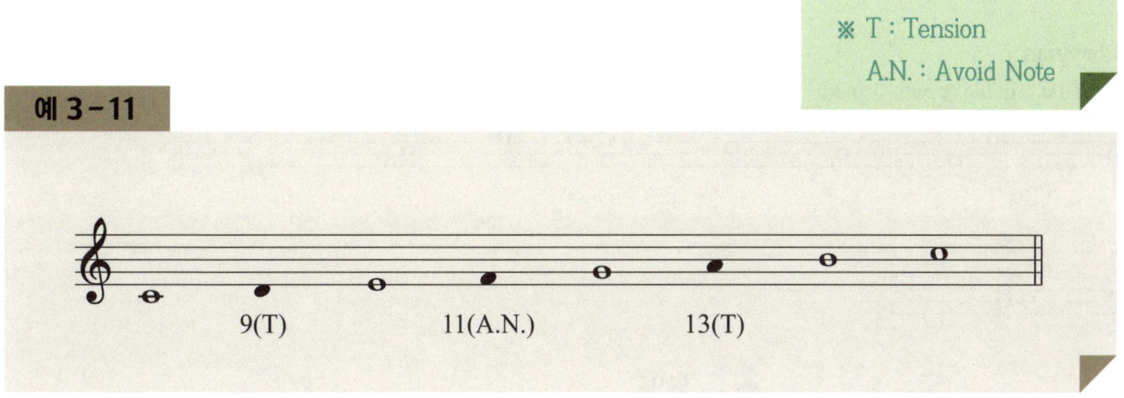

(2) 도리안(Dorian)

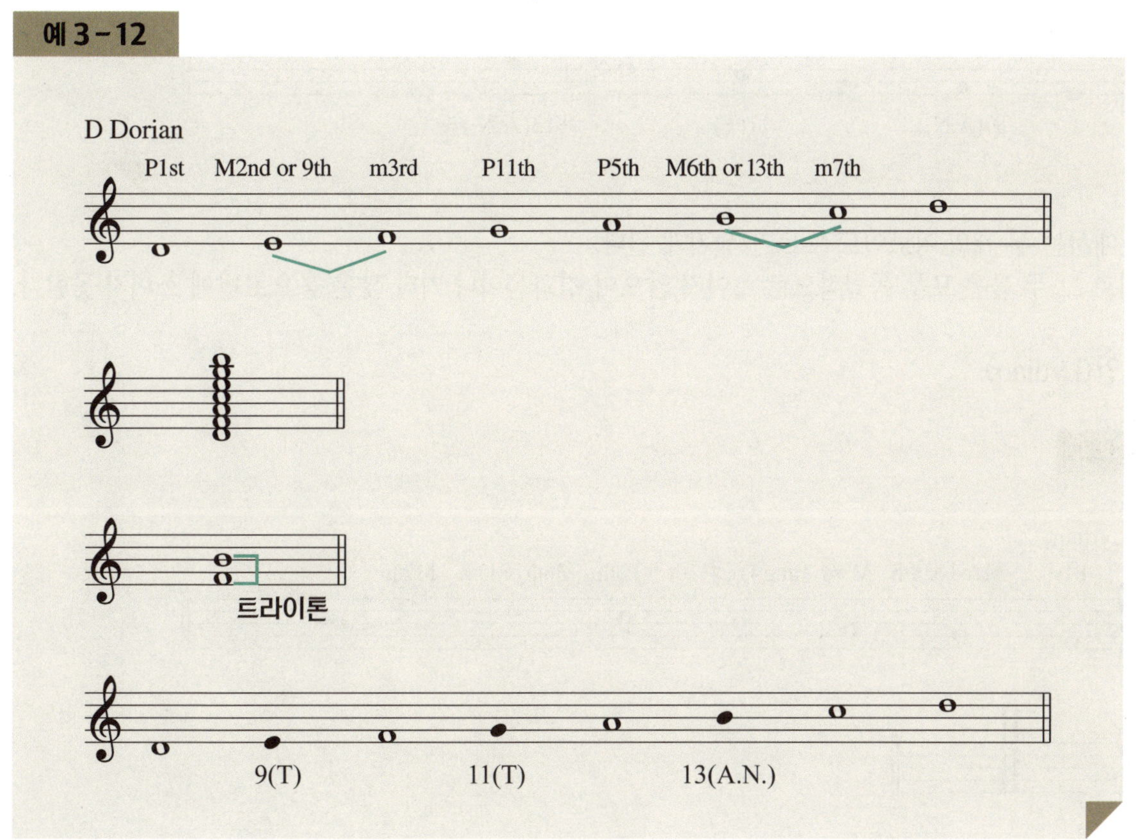

도리안에서는 6음인 B음과 3음인 F음이 트라이톤을 이룬다.

앞의 기초 편에서 도미넌트는 트라이톤 때문에 강한 힘이 만들어져서 새로운 화음으로 진행하려고 하는 것이라고 설명했었다. 그런 막강한 힘을 갖지 않은 IIm가 그런 힘을 갖게 된다면, 그다음에 나올 V7과 중복됨은 물론 엉뚱한 방향으로 음악이 흐르게 된다.

의도하지 않는 트라이톤의 진행은 사전에 방지해야 한다. 아이오니안처럼 단9도가 생기는 음정은 없지만, 단9도 못지않게 엉뚱한 음이 B음이다. 즉, 도리안에서는 13음을 쓸 수 없으며, 이것이 어보이드 노트가 된다. 이 음은 아이오니안에서의 4음과 마찬가지로 독립적으로 쓸 수 없는 음이다.

이는 뒷부분에서 배울 모달 음악에서는 반드시 쓰여야 할 음이지만, 지금 설명하는 부분에서는 금지음이다.

(3) 프리지안(Phrygian)

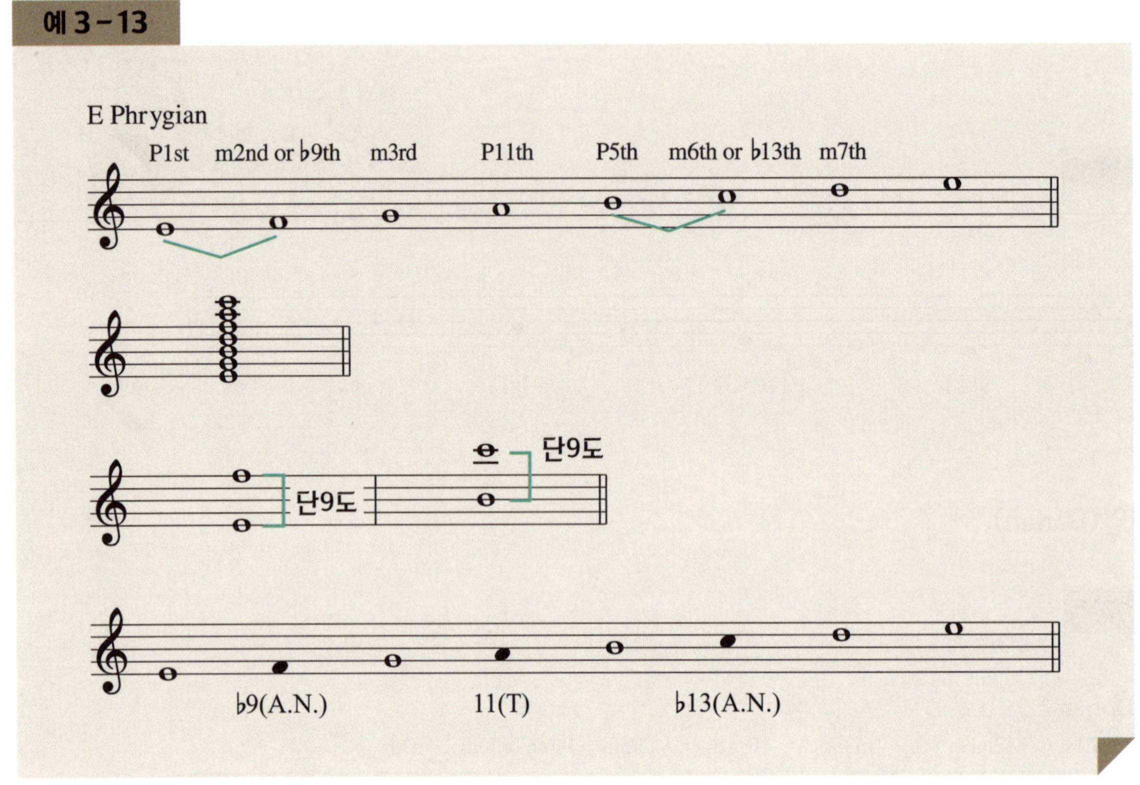

프리지안에서는 두 개의 어보이드 노트가 생기게 된다.
마찬가지로 그 두 음은 모두 독립적으로 쓰이지 않으며, 경과음이나 기타 짧은 음으로밖에 쓰이지 못한다.

(4) 리디안(Lydian)

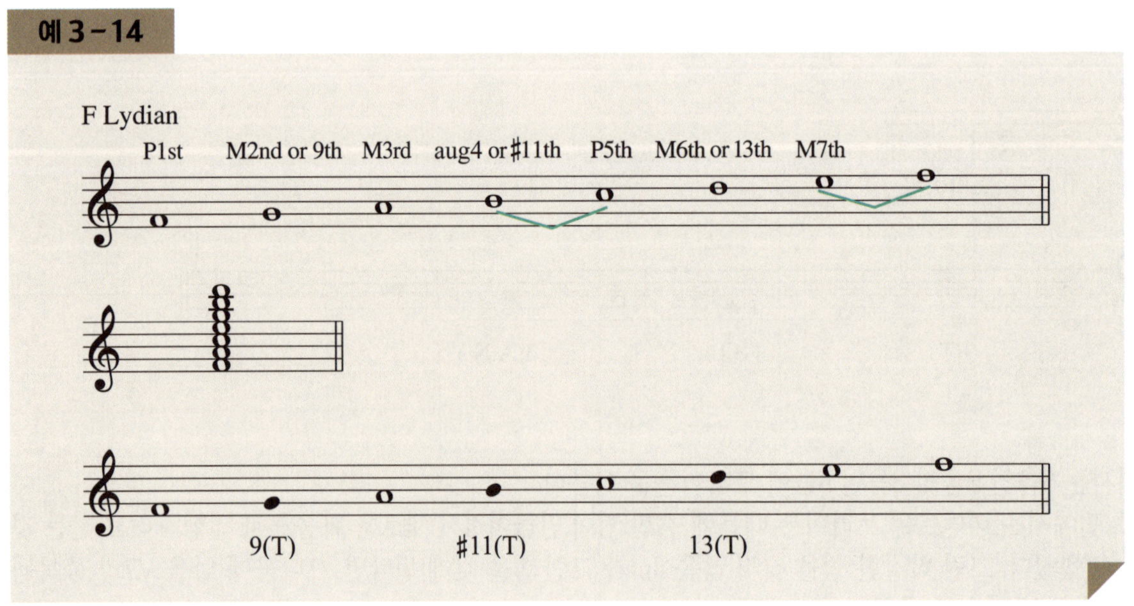

리디안에서는 어보이드 노트를 찾아볼 수 없다. 모든 음을 자유롭게 쓸 수 있다는 말이다.
코드 스케일 중에서 어보이드 노트가 없는 단 하나의 스케일이며, 그만큼 사용 범위가 넓은 스케일이다.
(George Russell의 〈Lydian Chromatic Concept〉 참조)

(5) 믹소리디안(Mixo-Lydian)

예 3 - 15

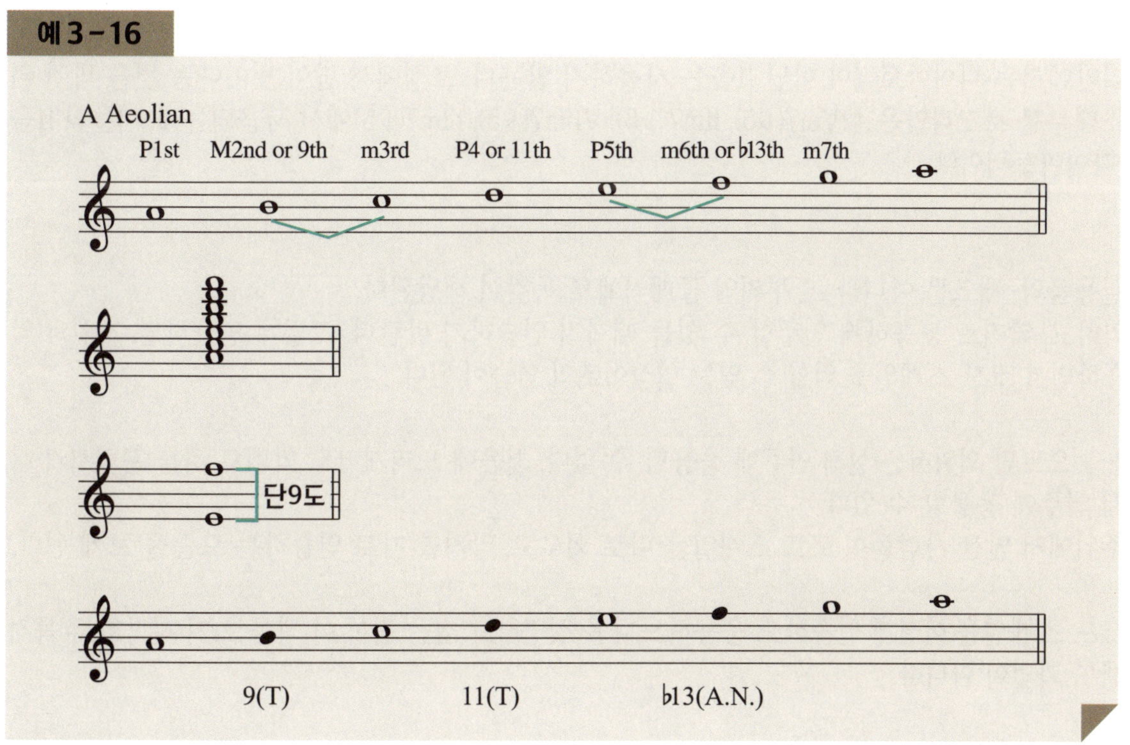

3음인 B음과 11음인 C음이 단9도가 된다. C음은 독립적으로는 사용할 수 없다는 것이다.
즉, 믹소리디안의 어보이드 노트는 11음이다.

(6) 에올리안(Aeolian)

예 3 - 16

에올리안은 E음과 F음 사이가 단9도가 되기 때문에 F음이 어보이드 노트가 된다.
E음은 배음의 원칙에 의해서 밑에서 울리는 것이 정상이다. 어떤 이는 F음이 아래로 내려가면 단9도가
생기지 않는다고 생각하지만, 그것은 배음의 원칙이란 자연현상을 벗어난 잘못된 생각이다.

(7) 로크리안(Locrian)

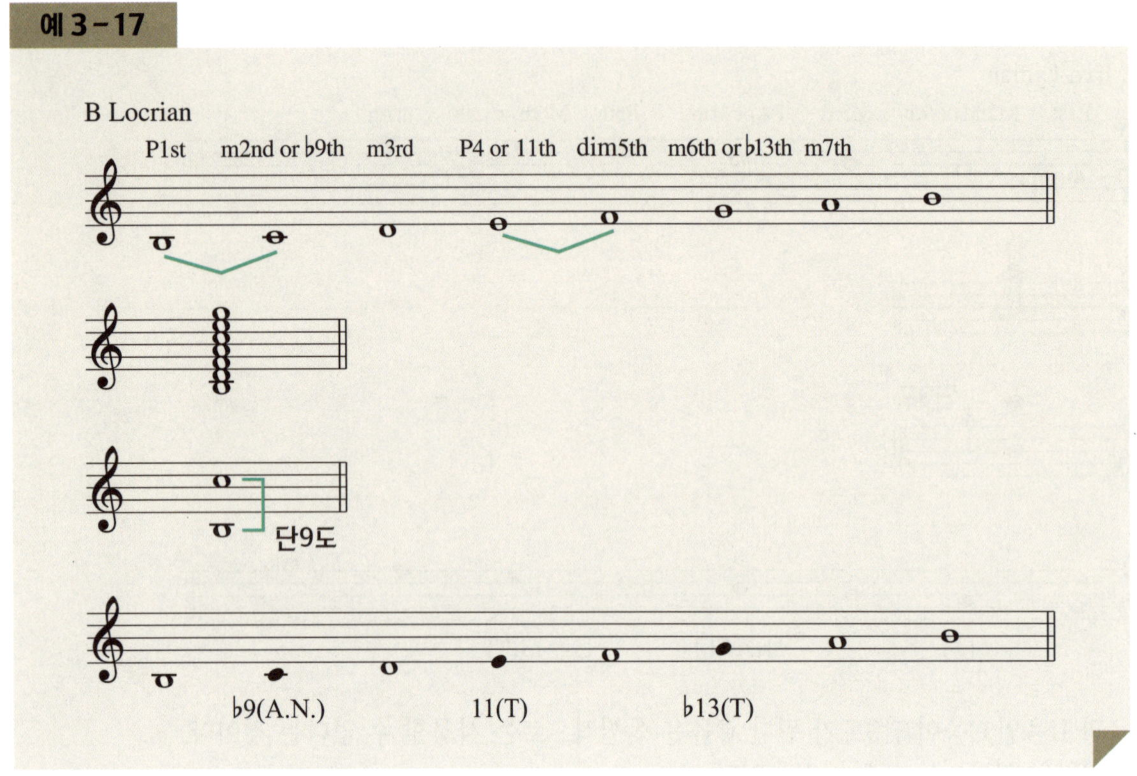

로크리안은 B음과 C음이 단9도가 되기 때문에 C음이 어보이드 노트가 된다.

다른 모드의 5음은 근음과의 음정이 완전5도인데, 로크리안은 감5도이다. 이 때문에 불안정한 느낌을 주며, 이 스케일을 사용하는데 제약이 따른다.

또 로크리안에서는 다이아토닉이 아닌 11음은 사용하지 않는다. 조성에서 많이 벗어나는 것을 막기 위해서이다. 대부분 로크리안은 ♯IVm7(♭5), IIm7(♭5), VIIm7(♭5), IIIm7(♭5)에서 사용되는데, 이들의 11음은 모두 다이아토닉이다.

모드는 실용음악, 재즈뿐 아니라 그 뿌리인 클래식에도 똑같이 해당된다.

반드시 익히고, 악기로 능숙하게 연주할 수 있을 때까지 연습하기 바란다. 그렇게 연습하면, 자신의 악기도 연습하면서 코드 스케일을 익힐 수 있는 일석이조의 연습이 된다.

스케일을 눈으로만 외워서는 실제 연주에 응용할 수 없다. 처음에 느리게라도 악기로 귀를 훈련시켜 나가야 실제 연주에 응용할 수 있다.

아직도 주위에서 많은 사람들이 코드 스케일을 따로 외우고, 악기를 따로 연습하는 모순을 보게 된다.

필자는 코드 스케일을 어떻게 연습하고 응용하느냐를 설명하고 싶은 것이 이 책을 쓰기 시작한 주목적이라고 해도 과언이 아니다.

설명한 것을 정리해 보겠다.

모든 코드 스케일에서 1, 3, 5, 7음을 코드톤이라고 하며, 이들은 화음을 구성하는 음이다.
9, 11, 13음 등은 텐션이라고 하며, 기본 코드톤 위에서 배음으로 울린다고 가정되는 음이다.
어보이드 노트는 독립적으로 사용할 수 없으며, 실용음악에서 적절한 텐션의 사용은 무엇보다 중요하다.
어떤 경우에는 텐션이나 코드톤을 의도적으로 변화시켜서 사용할 수도 있다.

이 모든 것은 앞에서 설명한 기본적인 코드 스케일을 익숙하게 다룰 수 있어야 가능해진다.
특히 재즈 임프로비제이션은 바로 이 코드 스케일을 바탕으로 한다. 또 작곡자에서 연주자들에게 전달
되는 편곡이라는 과정에서는 더없이 중요한 음악적 기본 자산이라 할 수 있겠다.

코드 스케일의 중요성은 아무리 강조해도 지나침이 없으리라고 필자는 굳게 믿는다.

앞에서 설명한 일곱 개의 모드는 실용음악의 근간을 이룬다.
이제부터는 실제로 연주에 쓰이는 코드 스케일을 공부해 보자.
다음은 리듬 체인지 도입부 네 마디의 화음 진행이다.

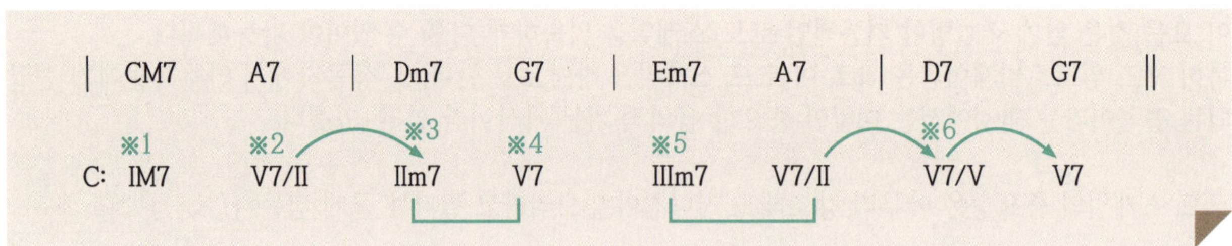

모든 베이스 음들은 C 다이아토닉으로 이루어져 있다. 코드 역시 C 다이아토닉이 대부분이며, C key 에서의 II-V가 나타난다. 이는 C key가 아닌 다른 key로 생각할 수 없는 확실한 증거이다.

이 화음 진행에서 쓰일 수 있는 스케일과 어보이드 노트는 다음과 같다.

※1 C 아이오니안을 사용하며, 어보이드 노트는 F음이다.

※2 Dm7의 도미넌트이기 때문에 A 믹소리디안을 사용하며, 어보이드 노트는 D음이 된다.

※3 D 도리안을 사용하며, B음이 어보이드 노트가 된다.

※4 G 믹소리디안을 사용하며, 어보이드 노트는 C음이 된다.

※5 E 프리지안을 사용하며, 어보이드 노트는 F음과 C음이다.

※6 도미넌트이기 때문에 D 믹소리디안을 사용하며, 어보이드 노트는 G음이 된다.

이상은 코드 스케일의 기본적인 적용이다.
실제 연주할 때, 약간의 융통성을 보이지만 이 기본적인 스케일의 적용을 항상 숙달해야 한다.
다시 얘기하지만, 코드 스케일의 중요성은 아무리 강조해도 지나치지 않는다.

위의 예를 좀 더 응용해 보자.

※2에서 A7은 DM7이 아닌 Dm7으로 진행한다. C key에서 Dm key로 일시적인 전조를 하는 것인데, 너무 잦은 전조는 듣는 이나 연주자에게 복잡하기만 하다는 거부감을 준다.
어쨌든 A7은 Dm7으로 가기 위해 존재한다. 하지만 A, B, C♯, D, E, F♯, G로 이루어진 A 믹소리디안은 DM7으로 가기를 기대한다.

이럴 때, A 믹소리디안에 Dm에 포함된 음이 있다면, 더 자연스럽게 Dm로 진행할 수 있다. A 믹소리디안 의 B음과 F♯음을 Dm에 포함된 음인 B♭음, F음으로 바꿔주면, A, B♭, C♯, D, E, F, G가 된다.
이는 A Mixo(♭9,♭13)이 되는데, 이것은 D 하모닉 마이너 스케일과 같다.

※5는 IIIm7이니까 당연히 E 프리지안으로 생각할 수 있다.
그다음 전조는 되지 않지만, Em7과 A7을 일시적인 D key의 IIm7 - V7으로 생각할 수도 있다. 그러므로
E 프리지안 또는 E 도리안 중에 선택해서 쓸 수 있다.
이는 모든 한 음 위의 II - V에서 마찬가지로 적용된다.

이렇게 화음 진행에서 사용할 수 있는 스케일을 정리하면 다음과 같다.

예 3 - 18

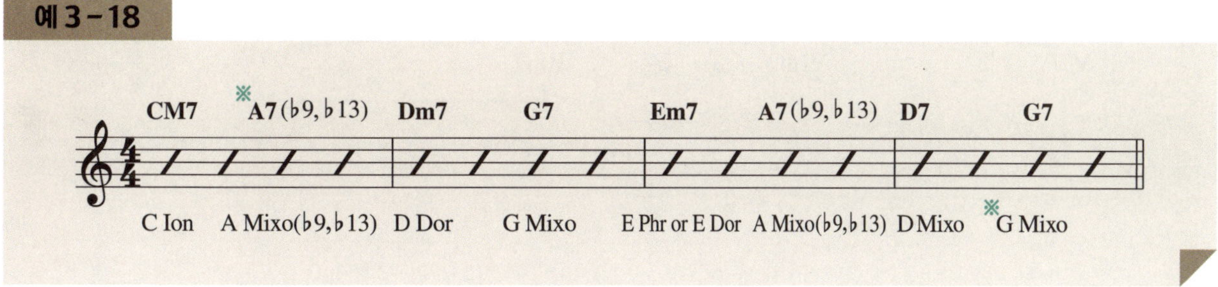

※ 마지막 화음의 다음 화음이 정해지지 않았기 때문에 G7에서 쓸 수 있는 스케일을 G Mixo라고 확실
히 말할 수는 없다. 정상적으로 C로 진행한다면 G Mixo, 다른 화음으로 진행한다면 G Lyd(♭7)으로
짐작할 수 있다.

다음은 〈Whispering〉을 화성 분석한 것이다.
1940년대에는 기존에 있는 곡의 코드 진행에 새로운 멜로디를 쓰는 작곡 방법이 유행했다. 이 곡은 그중
하나이며, 이 곡의 진행에 디지 길레스피가 다른 멜로디를 붙인 〈Groovin' High〉란 제목으로 더 알려져 있다.
이 외에도 〈How High The Moon〉과 〈Ornithology〉, 〈All Of Me〉와 〈Who's Sorry, Now?〉 등 같은
화음 진행을 사용하는 곡들은 수없이 많다.

예 3 - 19

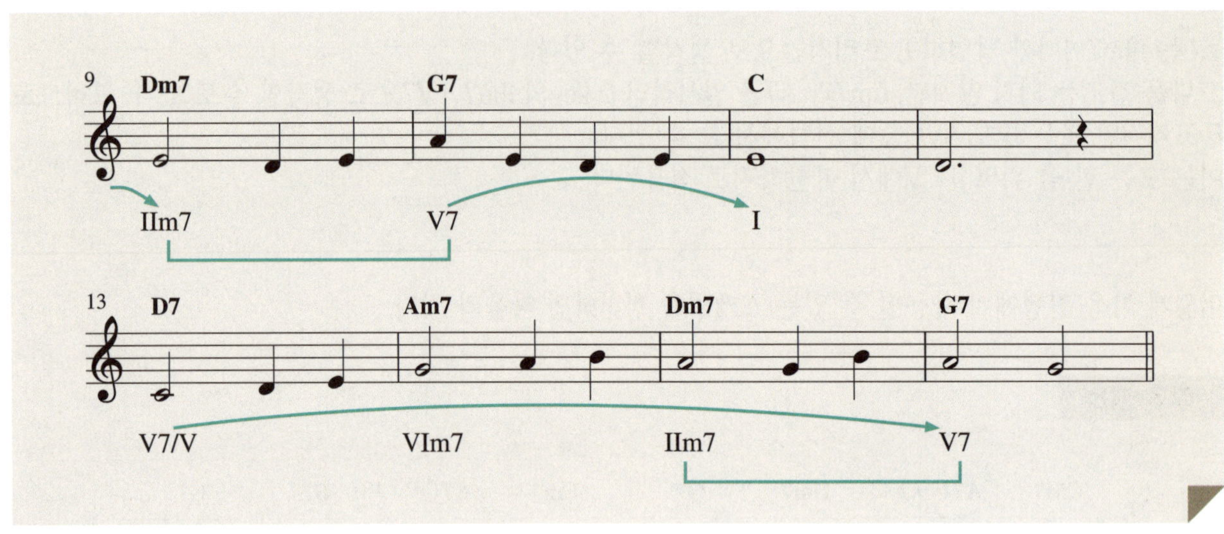

예 3-19 〈Whispering〉의 세 번째 마디 F♯m7(♭5)에 쓸 수 있는 스케일을 알아보자.

예 3-20

F♯m7(♭5)의 구성음은 F♯음, A음, C음, E음이다.
그 사이에 다이아토닉 음들을 집어 넣어 음계를 만들면, F♯ Loc이 된다.
F♯음과 G음이 단9도이기 때문에 G음은 어보이드 노트가 된다.

어떤 이는 G음을 아래 음으로, F♯음을 위의 음으로 생각하면 장7도이니까 사용할 수 있지 않을까 생각
한다. 하지만 그것은 앞에서도 말했듯이 배음의 원칙이라는 자연현상에서 벗어난다.
당연히 1음(근음)이 밑에서 울려야 토닉의 역할을 충실히 하고, ♭9같은 G음은 배음으로 위에서 울려야
자연현상에 충실한 소리가 된다.

예 3-19 〈Whispering〉의 네 번째 마디 B7에 쓸 수 있는 스케일을 알아보자.

예 3-21

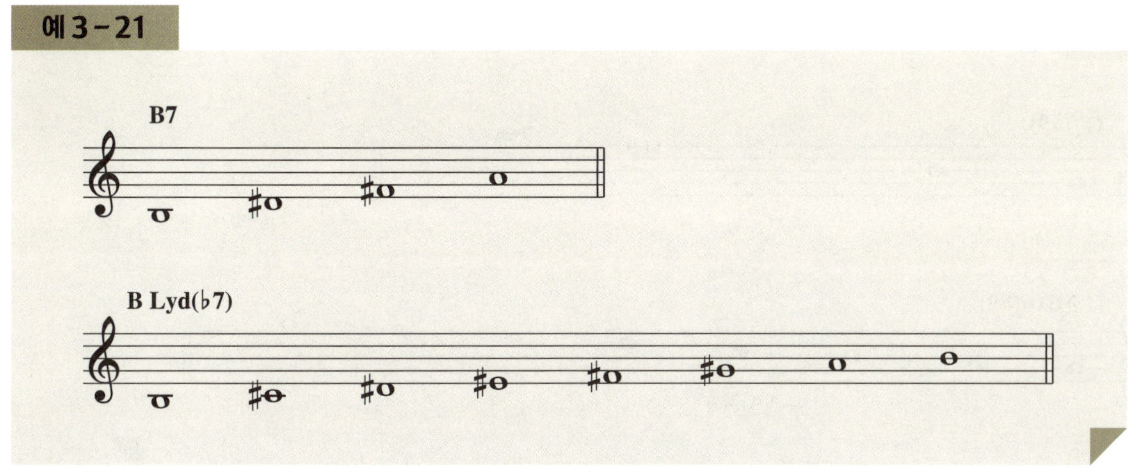

VII7인 B7은 도미넌트 화음인데, E 코드가 아닌 C 코드로 진행한다.
정상적인 도미넌트의 역할을 하지 않는 도미넌트인 것이다. 이럴 때는 Lyd(♭7)을 쓴다.
Mixo를 쓰는 것이 일반적이나, Mixo의 역할을 하지 않으므로 가장 가까운 Lyd을 쓰는데, 7음이 단7도이기 때문에 Lyd(♭7)으로 바꿔 쓴다.

이외에 다른 스케일을 쓰고 싶어도 마땅한 방법이 없다. Ion, Lyd, Mixo 이 세 가지가 장조 계열의 코드 스케일인데, Ion은 조성의 대표 역할을 하며, Mixo는 Ion으로 가기 위한 강력한 개성을 가지고 있기 때문이다. 그렇기 때문에 Lyd밖에 선택할 수 없으며, 다른 묘안을 찾을 수 없다.
다시 한번 정리하면, 정상적인 해결을 하지 않는 도미넌트는 Lyd(♭7)을 쓴다.

다음은 자주 쓰이는 V7sus4에 사용할 수 있는 스케일을 생각해 보자.

예 3-22

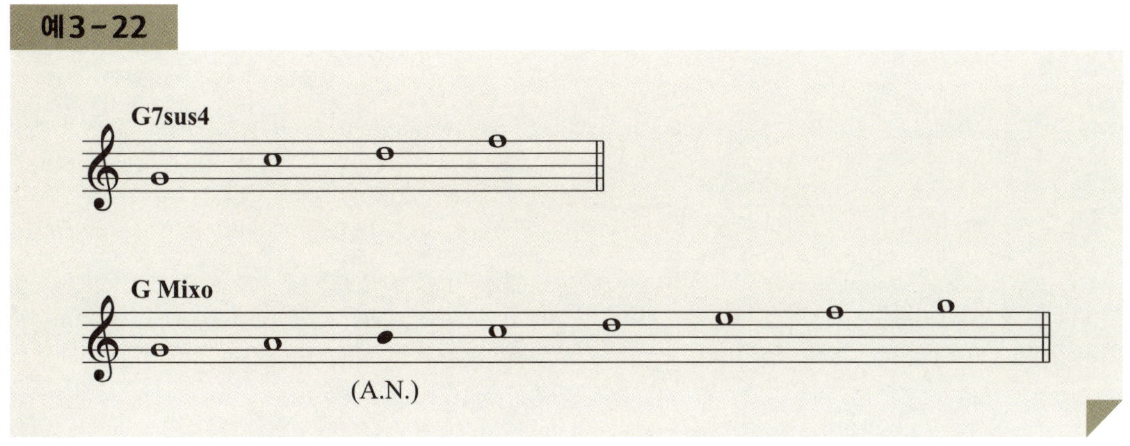

sus4 코드는 3음이 없고, Mixo에서의 어보이드 노트인 4음이 떳떳이 자리 잡고 있다.
그래서 Mixo를 쓰되, 어보이드 노트는 3음이 된다(단9도가 생기는 같은 이유).

변형된 Mixo 중에서 ♭9이 쓰일 때는 다음과 같다.
Mixo를 쓰되 ♭9을 넣어 Mixo(♭9)을 쓴다. 어보이드 노트는 C음이다.

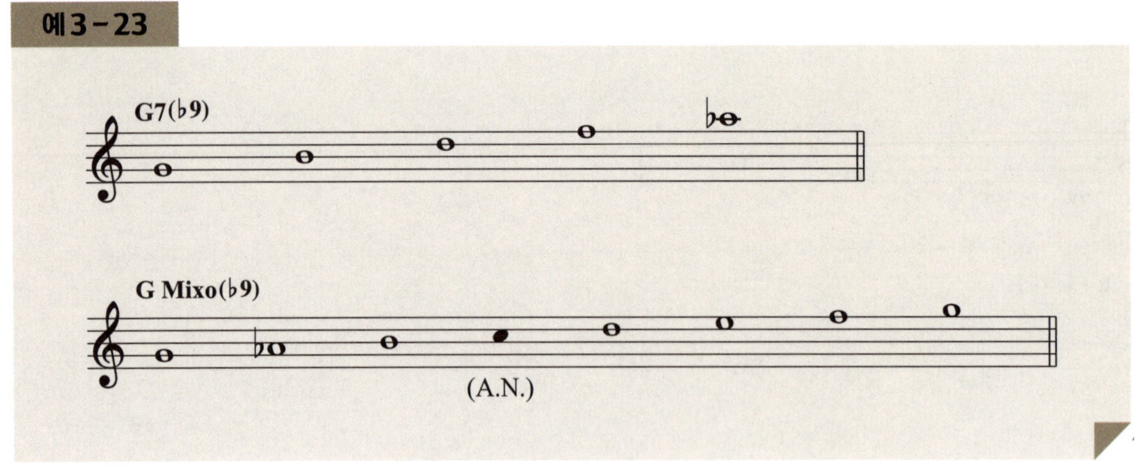

세컨더리 도미넌트의 스케일

앞에서 설명한 대로, C key에서 V7/II인 A7은 IIm인 Dm로 진행하는 것이 정상이기 때문에 Mixo(♭9, ♭13)을 쓴다.

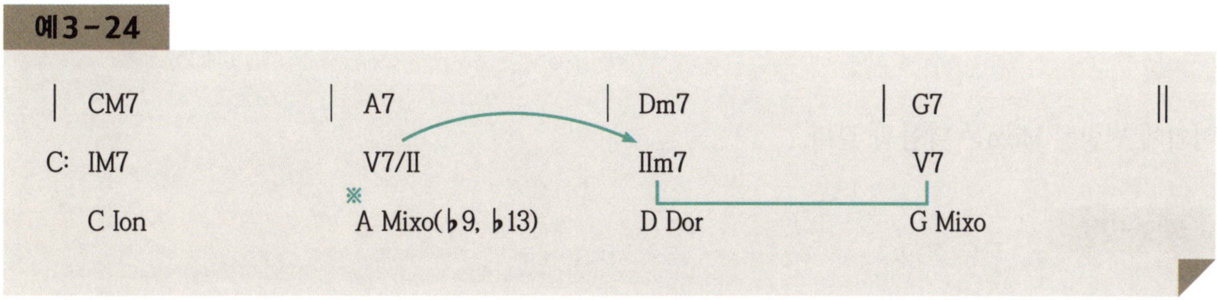

※ 변형된 Mixo
　 A7 다음에 나오는 화음이 Dm7이므로, A Mixo를 쓰되 ♭13을 쓴다. 그러면 Dm의 가장 또렷한 3음인 F음을 유지시킴으로써 훨씬 안정감을 준다.

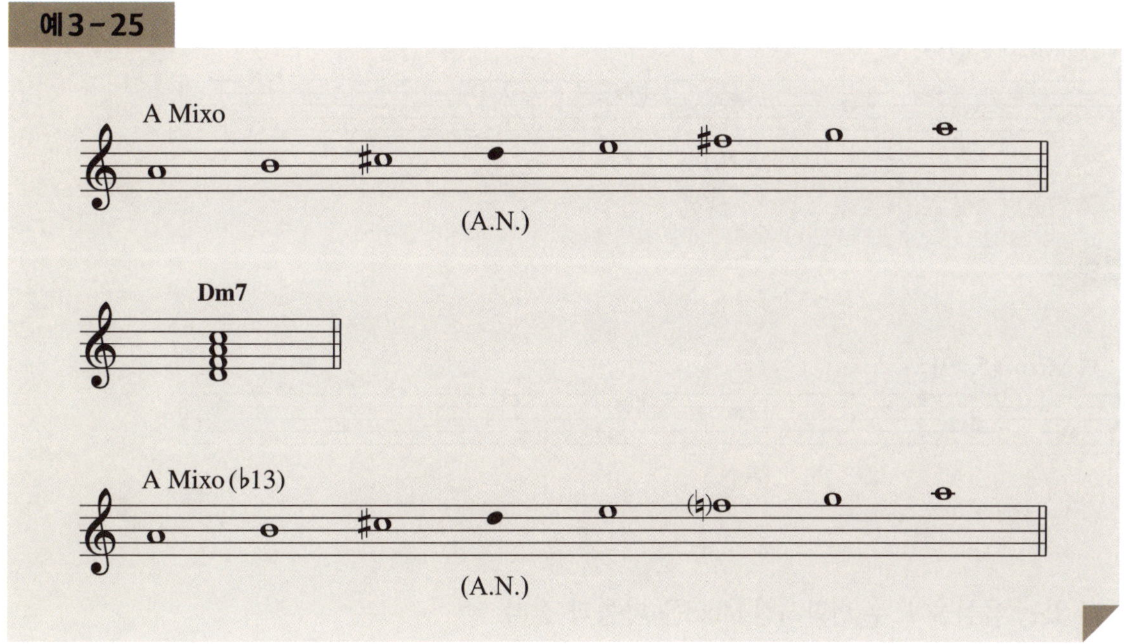

5음 위에 ♭13음을 쓰면, 단9도가 생기기 때문에 5음과 ♭13음은 동시에 쓸 수 없다(5음을 생략하는 경우, 가장 이상적인 V7/II의 형태를 가진다). 그러므로 ♭13음을 생략하고 5음을 쓰거나 5음을 생략하고 ♭13음을 써야 한다.

취향에 따라 Mixo(♭13)을 Mixo(♭9,♭13)으로 바꾸어 쓸 수도 있다.

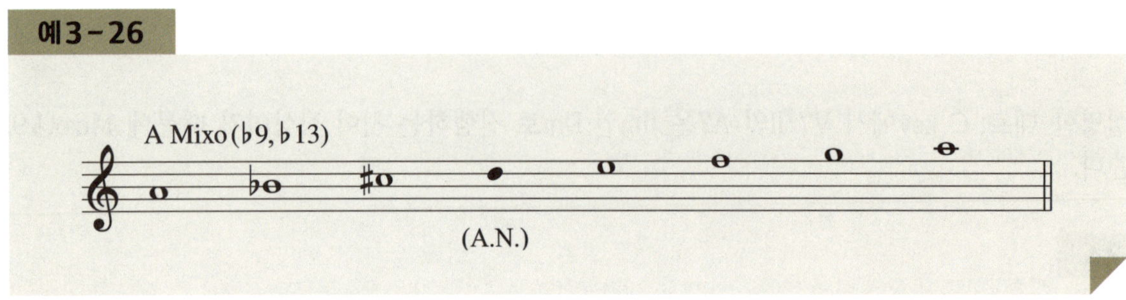

이외에 변형된 Mixo은 다음과 같다.

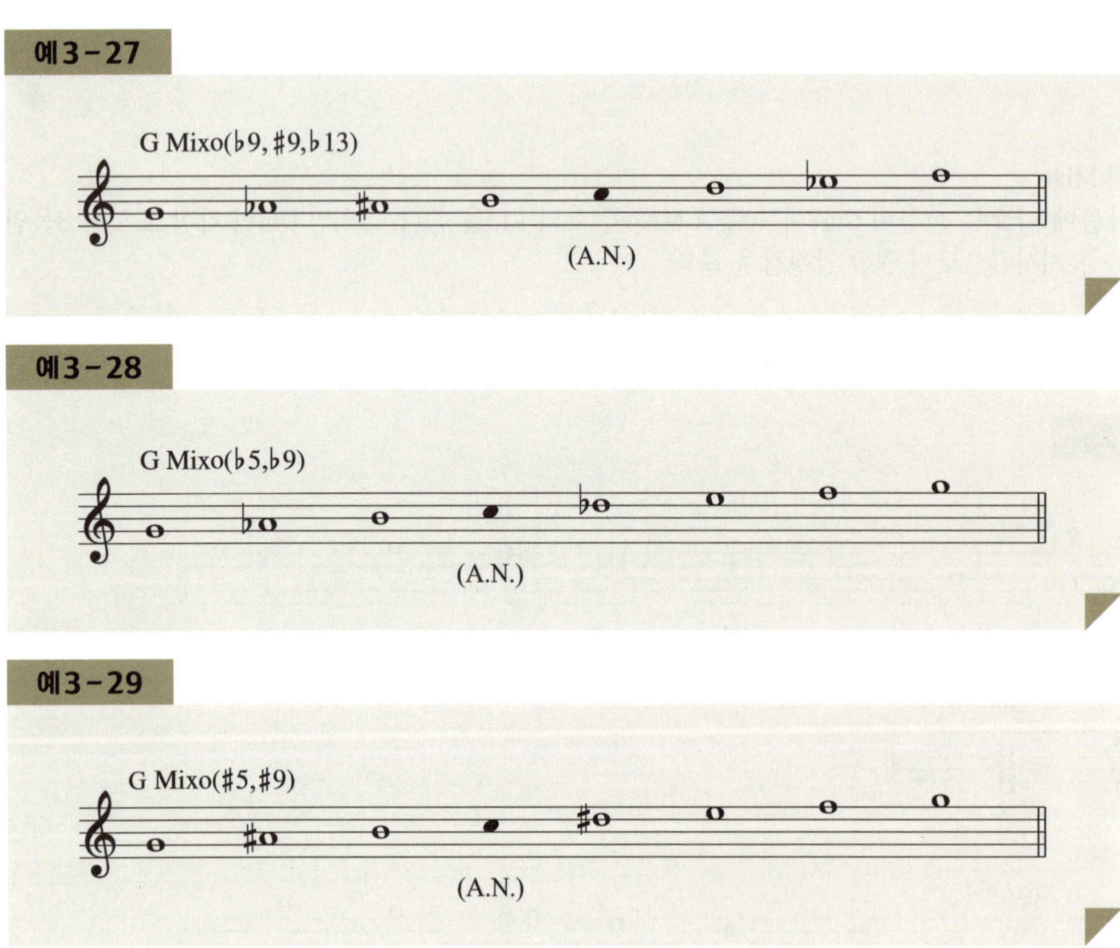

변화시킬 수 있는 음들을 모두 변화시킨 Mixo은 다음과 같다.

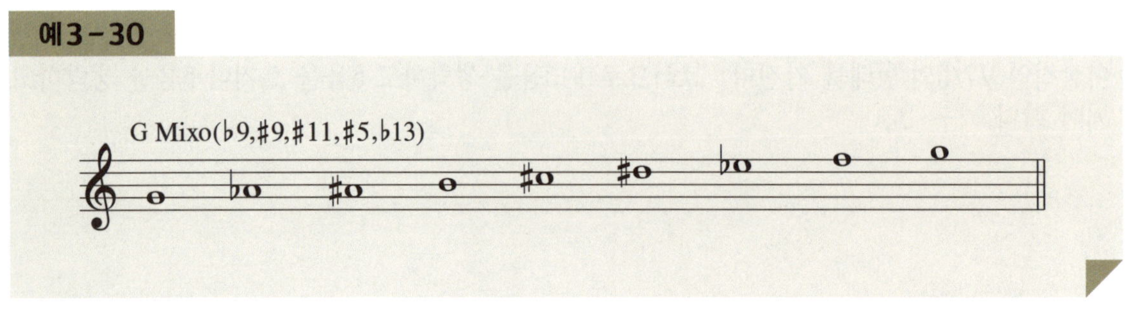

♯5와 ♭13은 같은 음이므로 하나만 쓰는데, 주로 ♭13음을 선호한다.
이 스케일의 원래 이름은 Mixo(♭9, ♯9, ♯11, ♭13)이지만, **Alt(얼터드 스케일, Altered Scale)**로 적는다.

예 3-31

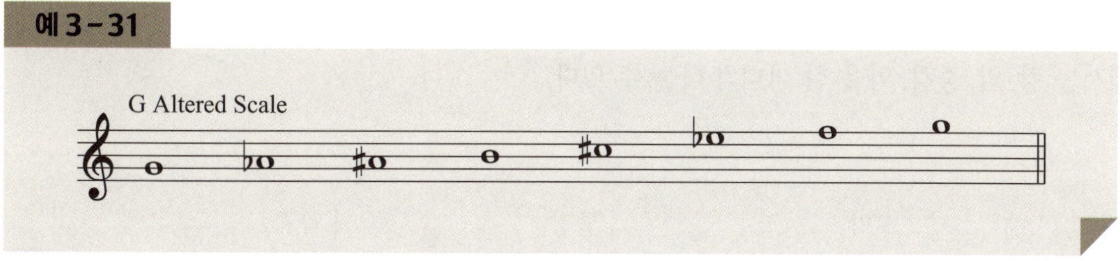

Mixo은 다양한 변화를 가진다. 하지만 Alt처럼 아무리 많은 음들을 변화해도, V7 본연의 성질과 역할은 절대 변하지 않는다. 3음과 7음의 트라이톤은 바뀌지 않기 때문이다.

트라이톤 외에 다른 음들이 열심히 변해도 I로 가려는 성질은 변하지 않는다.
I로 진행하면, 뭔가 많이 변하고, 많이 갖고 있는 듯 보였던 화음이 깨끗이 만루 홈런처럼 해결된다. 또 텐션을 많이 쓸수록 해결된 I는 한층 더 빛나 보인다.
이것이 우리가 복잡한 화음을 쓰는 이유 중 하나이며, I로 해결하려는 강력한 트라이톤의 힘이 화음의 흐름을 이끌어서 아주 긴 음악도 쓸 수 있는 밑천이 된다.

05 화음의 강약

모든 음악은 강약을 가지고 있으며, 화음의 흐름에서도 뚜렷한 강약을 느낄 수 있다.
$\frac{4}{4}$박자에서는 강, 약, 중강, 약을 한 마디씩 나눌 수 있다.

| $\frac{4}{4}$ 강 | 약 | 중강 | 약 | ‖ |

만약 두 마디를 생각한다면, 두 박자 단위로 강, 약, 중강, 약이 이루어진다.
또 여덟 마디 단위로 생각한다면, 두 마디 단위의 강, 약, 중강, 약이 이루어진다.
$\frac{3}{4}$박자는 강, 약, 약, $\frac{2}{4}$박자는 강, 약이 반복된다.

모든 화음의 움직임은 토닉으로 가기 위한 움직임이다. 결국 토닉이 언제 나오느냐를 기다리는 것이 화음 진행이라 할 수 있다.
I를 연주하면 음악이 끝나서 더 이상 음악을 진행할 수 없다. 마일스 데이비스가 처음 같이 연주하는 베이스 연주자에게 절대 I를 연주하지 말라고 주문했다는 유명한 일화도 있다.

일반적인 A A B A 형태의 음악에서 8마디 A의 끝부분을 보면, 대부분 일번 괄호(⌐1.___)의 처음에 I가 나온다. 그리고 다시 반복해서 처음으로 가며, 브릿지에서 다른 key로 갈 땐, 그 다른 key의 II - V를 거쳐서 새로운 느낌의 화성으로 브릿지를 시작한다.
곡마다 구성이 조금씩 다르지만, 공통된 점은 절대 화음의 흐름을 바꾸지 않는다는 것이다.

불규칙한 소절의 음악이 아닌 경우, V의 위치가 바뀌는 경우, I의 위치가 V의 자리를 차지하는 경우에 우리는 어색함을 느끼며 못갖춘마디가 있는 것이 아닌가 의심을 하게 된다.
그럴 땐, 어색한 자리에 sus4를 넣어서 화음을 연장시키거나, IIm 다음에 제 역할이 아닌 세컨더리 도미넌트(V7/V)를 넣어서 연장시킨다.
이 방법은 상당한 기교가 필요하며, 화음의 흐름을 좀 더 정상적으로 하고 싶을 때 쓸 수 있는 방법이다.

스탠다드 곡에 적합한 코드 스케일을 적용해 보자.

제4장

코드 스케일의 응용

I에서는 Ionian, IIm에서는 Dorian처럼
단순한 응용 방식으로는 다양한 멜로디를 만드는 데 한계가 있다.
일정한 스케일만으로는 다양한 음악적 표현을 하기 힘든 것이다.
스케일을 다양하게 응용할 수 있는 방법에 대해 공부해 보자.

01 모달 인터체인지(Modal Interchange)

C 장조에서 C 단조를 빌려와서 쓸 수 있다는 것은 이미 알고 있는 내용이다.
모달 인터체인지는 장조의 동주음조인 단조의 스케일을 빌려 쓰는 것을 말한다.

예 4-1

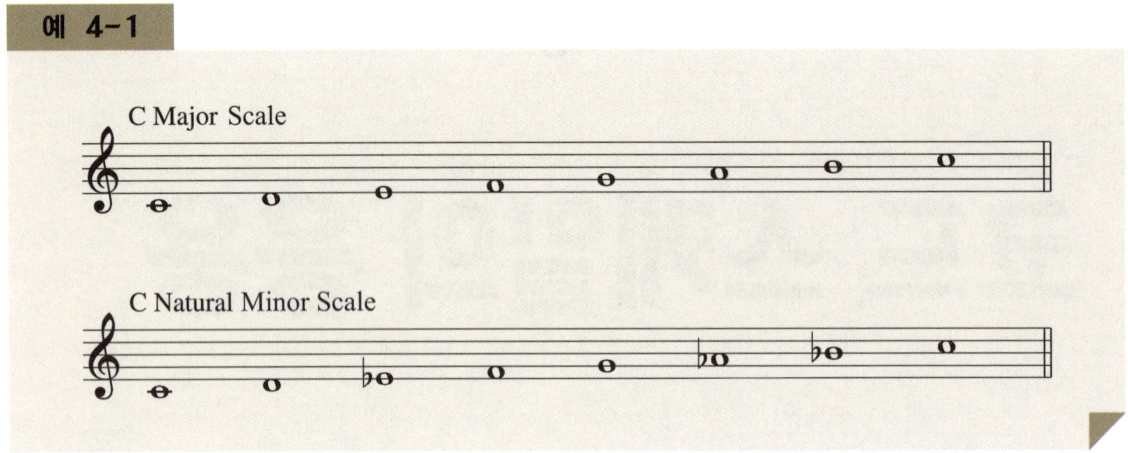

C 장조에서 C 단조 음을 빌려 쓰면, IIm7은 IIm7(♭5)로 변한다.
또 G7(9)은 G7(♭9)으로 변한다.

예 4-2

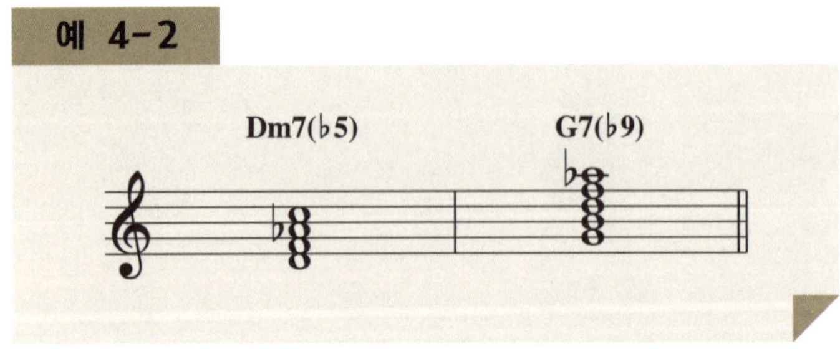

이 코드에 사용할 수 있는 스케일은 D Dor에서 D Loc으로, G Mixo은 G Mixo(♭9, ♭13)으로 바뀐다.

예 4-3

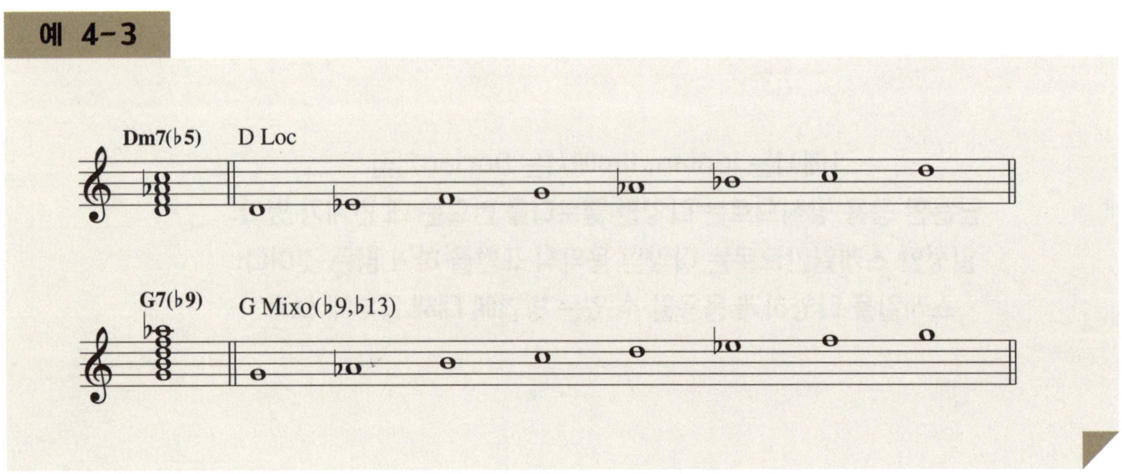

자연단음계를 이용한 모달 인터체인지에 대해 알아보자.
C 자연단음계에 화음을 쌓으면 다음과 같다.

예 4-4

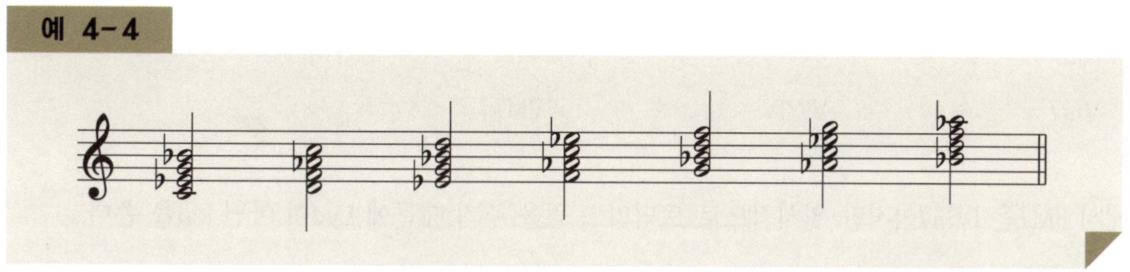

꼬리가 아래로 내려간 음들을 Group 1 로, 꼬리가 위로 올라간 음들을 Group 2 로 간주한다.

Group 1

Dm7(♭5), Fm7, A♭M7, B♭7으로 이루어진다.
이 화음들은 IIm7(♭5), IVm7, ♭VIM7, ♭VII7으로, 모두 IM7으로 진행하기를 기대하는 화음들이다.
CM7에서 단조의 음들을 빌려왔기 때문이다.

각 화음에서 쓸 수 있는 스케일은 다음과 같다.

IIm7(♭5) : Loc
IVm7 : Dor
♭VIM7 : Lyd
♭VII7 : Lyd(♭7)

Group 2

Cm7(Im7), E♭M7(♭IIIM7), Gm7(Vm7)으로 이루어지며, 모두 A♭음을 포함하지 않는 화음이다.
Vm7은 도미넌트 역할을 하는 V7과 많이 다르기 때문에 특별한 경우를 제외하고는 잘 사용하지 않는다.

각 화음에서 쓸 수 있는 스케일은 다음과 같다.

Im7 : Aeo이나 Dor
♭IIIM7 : Lyd
Vm7 : Dor

다음 진행을 살펴보자.

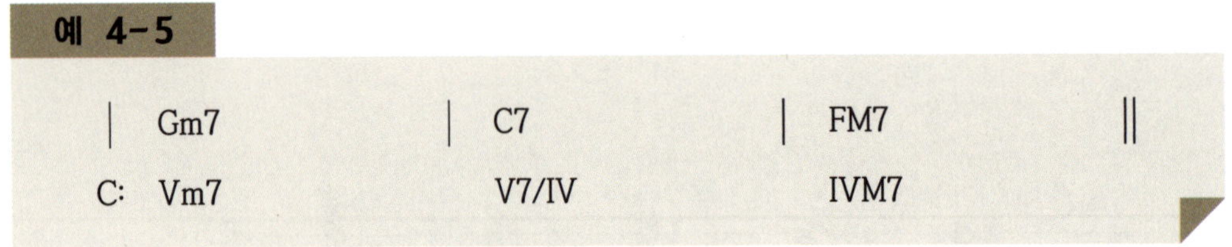

이 진행에서 FM7은 IVM7이지만, 일시적으로 토닉의 느낌을 주기 때문에 Lyd이 아닌 Ion을 쓴다.

모든 m7(♭5)에서는 Loc을 쓴다.
그러나 그 다음 화음이 뚜렷한 장조를 나타내는 경우에는 Loc(♯2)를 쓴다.

다음은 D Loc(♯2) 스케일이다.

다음은 IIm7(♭5) - V7이 각각 장화음과 단화음으로 진행할 때 사용할 수 있는 스케일이다.

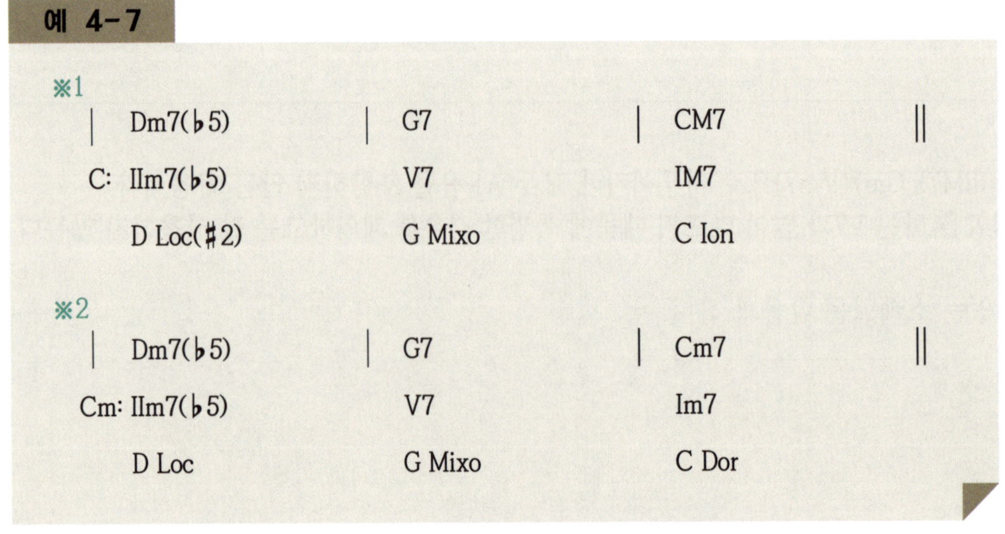

Loc(♯2)는 Loc과는 다르게 어보이드 노트가 생기지 않는다. Loc의 어보이드 노트인 ♭9이 반음 올려져서 장9도가 되기 때문에 자유롭게 텐션으로 쓸 수 있다.

※1 장화음으로 진행하는 Ⅱ - V의 경우, Loc(♯2)가 장화음의 가장 두드러지는 3음을 미리 나타내주는 역할을 하면서 다음 화음을 예견할 수 있게 한다.

※2 단화음으로 진행하는 Ⅱ - V의 경우, Loc(♯2)가 아닌 Loc을 써야 자연스러우며, 당연히 ♭9인 E♭음은 어보이드 노트가 된다.

다음은 〈What Is This Thing Called Love〉를 화성 분석한 것이다.
이 곡은 모달 인터체인지의 좋은 예이다.

※1 Loc을 사용하기 때문에 ♭9(A♭음)이 어보이드 노트가 된다.
※2 IIm7(♭5)-V7이 IM7으로 진행하므로 Loc(♯2)를 사용하여 장조를 예견해 주며, 어보이드 노트는 없다.

모달 인터체인지의 또 다른 예로 〈But Beautiful〉을 들 수 있다.

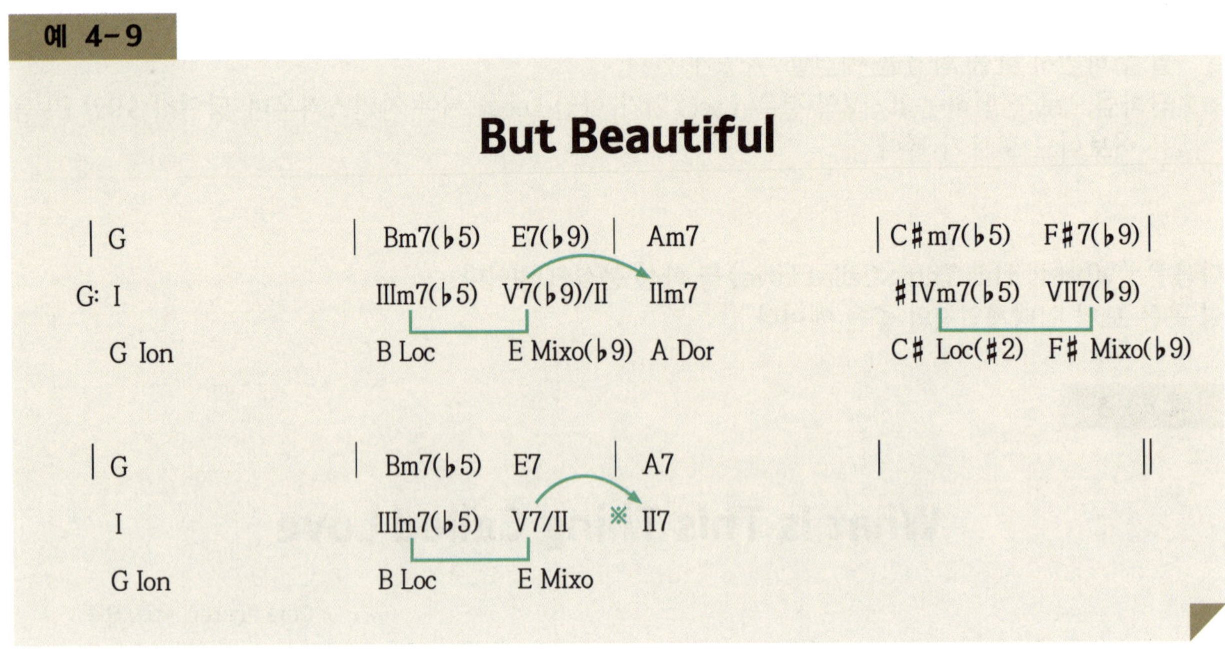

※ 마지막 화음 A7은 다음에 어떤 화음으로 진행하는지 알 수 없으니, 분석을 일단 보류한다.

다음은 C key에서 Mixo을 이용한 모달 인터체인지이다.

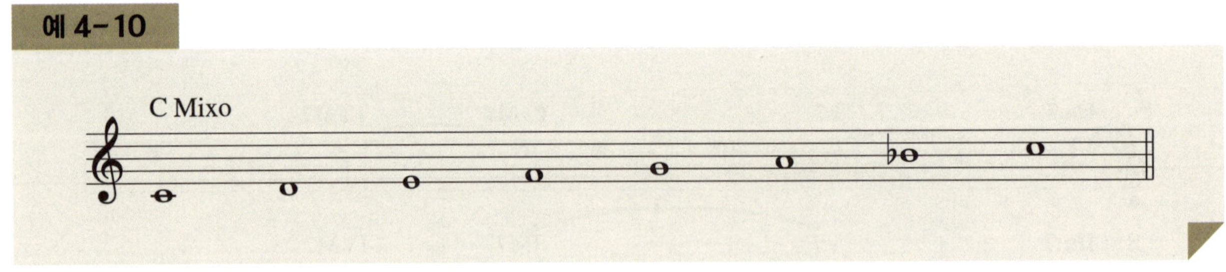

C Mixo에 화음을 쌓아보면, Em7은 Em7(♭5)로, G7은 Gm7으로, Bm7(♭5)는 B♭M7으로 변한다.
이 경우 각각의 스케일은 Loc, Dor, Lyd으로 바뀌게 된다.
특히 Gm7은 C7과 IIm7 - V7으로 연결되면서 일시적 혹은 한동안 F key로 바뀌게 된다.

다음은 〈Where Is The Love〉를 화성 분석한 것이다.

예 4 - 11

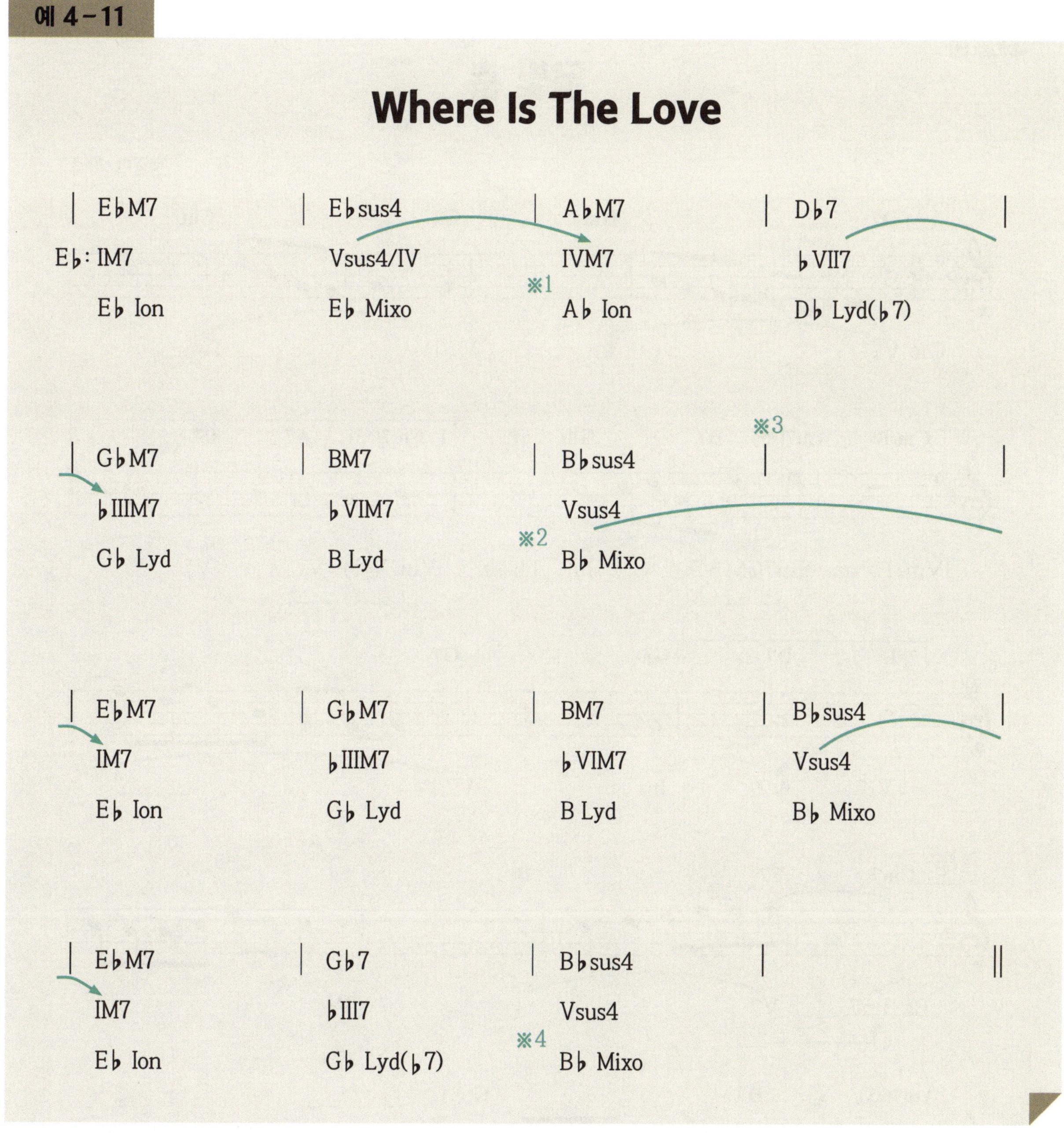

※1 IV는 당연히 Lyd을 써야 할 것이라고 생각할 것이다. 하지만 도미넌트 모션으로, 일시적으로 Ab key 로 전조된 느낌을 주기 때문에 Lyd보다 Ion이 더 어울리는 특별한 경우이다.

※2 모든 sus4는 V의 변형이므로 Mixo을 쓴다. 4음이 코드톤, 3음이 어보이드 노트가 된다. sus4는 도미넌트의 역할을 할 수 없으며, IIm 같은 느낌을 준다.

※3 7마디와 8마디는 같은 화음이 반복되지만, 강약 때문에 흡사 II - V(Fm7 - Bb7) 같은 느낌을 준다.

※4 ※3과 같은 이유로, Bb sus4 두 마디는 II - V(Fm7 - Bb7)처럼 들린다.

달빛 춤

정중화 작곡

A D7 Gm G7 Cm
Gm:V7 Im V7/IV IVm
Cm/B♭ Am7(♭5) D7 Gm /F 1. Em7(♭5) A7 D7
IVm/B♭bass IIm7(♭5) V7 Im /Fbass VIm7(♭5) V7/V V7
2. E♭7 D7 Gm G7
♭VI7 V7 Im V7/IV
B Cm7 F7 B♭ E♭
B♭:IIm7 V7 I IV
Am7(♭5) D7 G
G:IIm7(♭5) V7 I
Cm7 F7 B♭ E♭
B♭:IIm7 V7 I IV

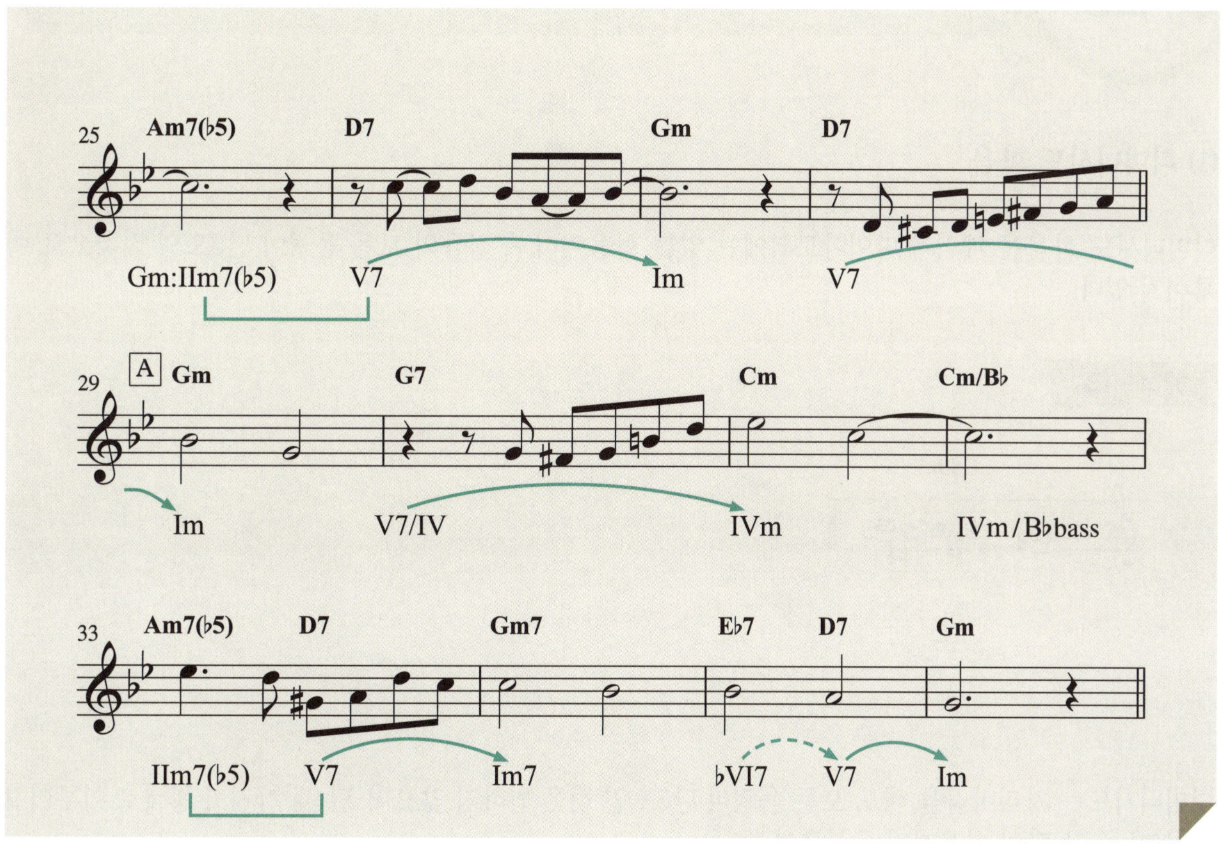

이 곡은 필자의 곡으로 마이너 곡으로 시작하여 마이너의 다이아토닉으로 연주하다 중간에 같은 key의 메이저로 연주하고, 다시 마이너로 연주하여 끝이 난다. 간단한 모달 인터체인지의 예라고 하겠다.

디미니시드(Diminished)

(1) 디미니시드 화음

디미니시드 화음은 메이저 다이아토닉에는 없는 화음이며, 구성음의 모든 음정이 단3도의 간격으로 이루어져 있다.

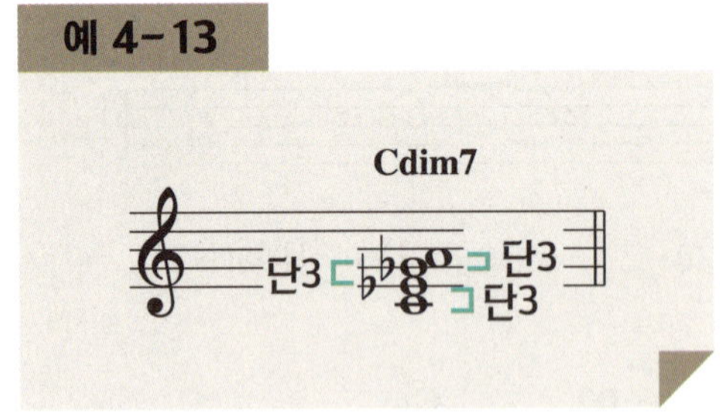

디미니시드는 자리바꿈을 해도 모든 음정이 단3도인 것은 변하지 않으며, 단 세 가지의 형태로 이루어져 있다(다음 각 단의 화음끼리 구성음이 같다).

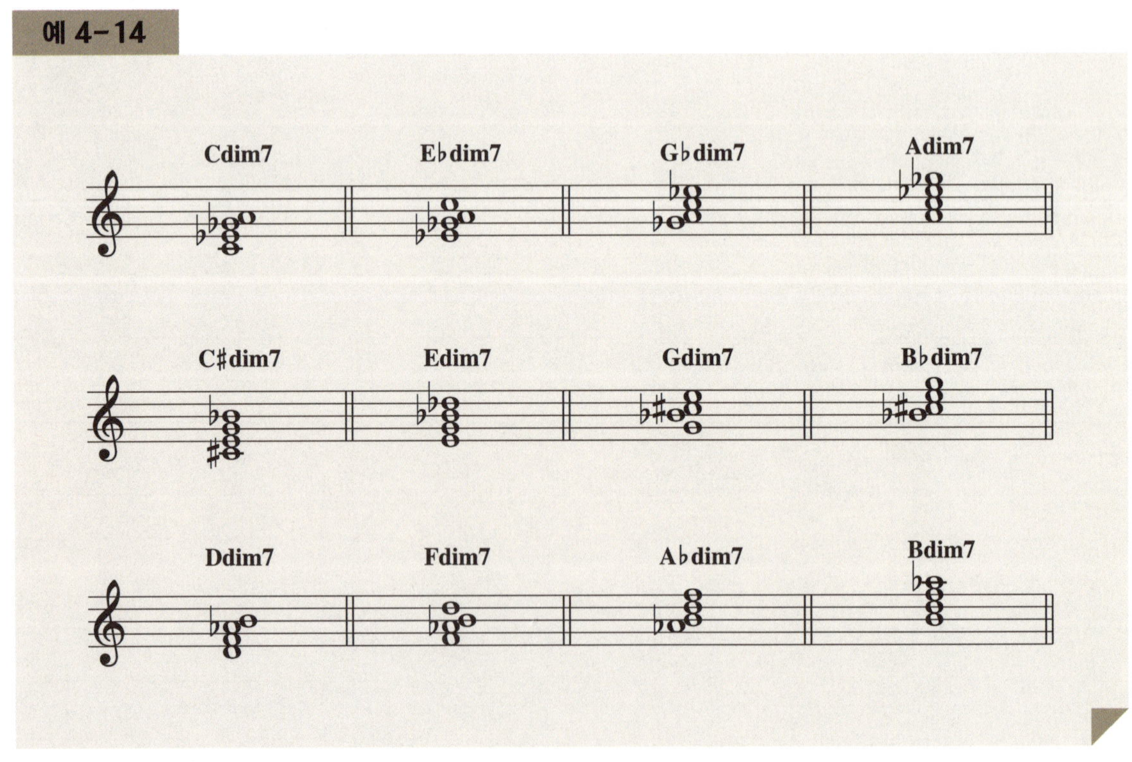

디미니시드는 두 개의 트라이톤을 가졌기 때문에 그만큼 불안정하며, 동시에 자유롭게 움직일 수 있다.

(2) 디미니시드 화음의 사용

1) 패싱 디미니시드(Passing Diminished)

패싱 디미니시드는 다이아토닉 코드의 어프로치(Approach)로 사용된다.

① ♯ 계통의 패싱 디미니시드

예 4-15

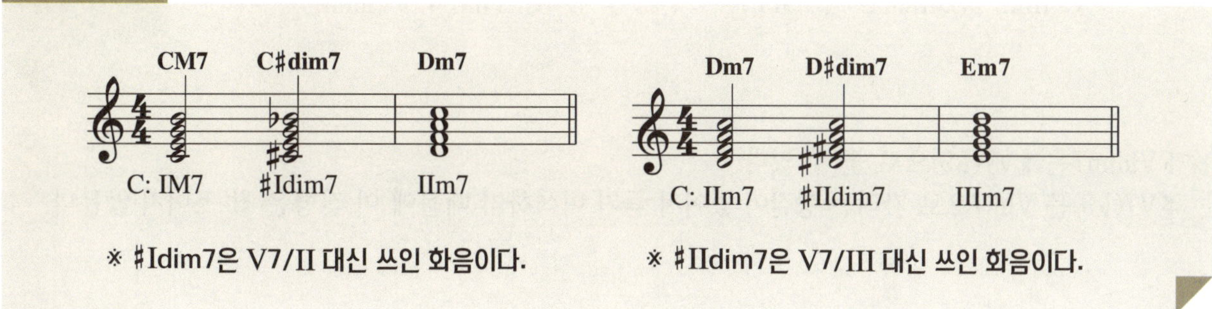

예 4-16

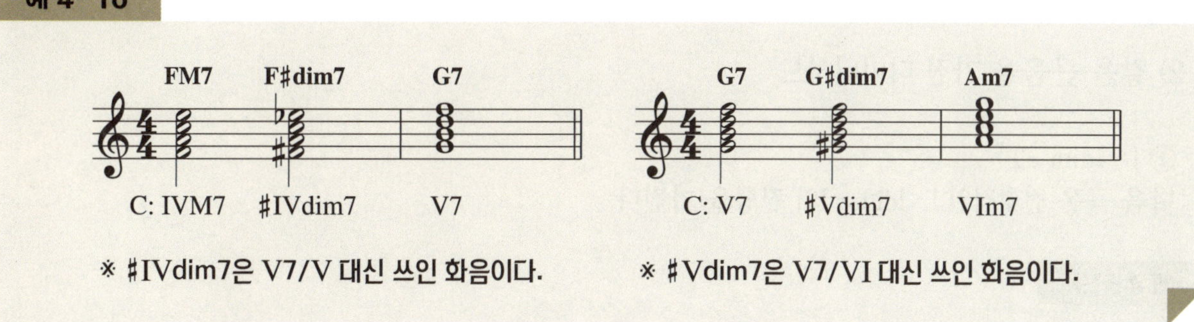

♯ 계통의 디미니시드는 해결되는 음을 자리바꿈으로 부드럽게 연결할 수도 있다.

예 4-17

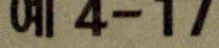
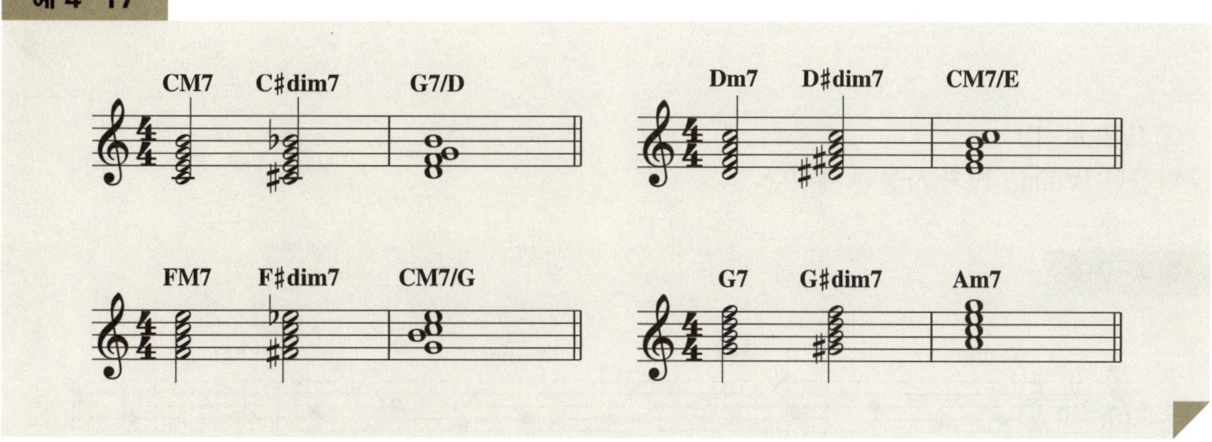

패싱 디미니시드에서 또렷하게 들리는 해결음들을 자리바꿈을 통해 나타내면서, 반음 상행 진행으로 좀 더 부드러운 진행을 한다.

② ♭ 계통의 패싱 디미니시드

예 4-18

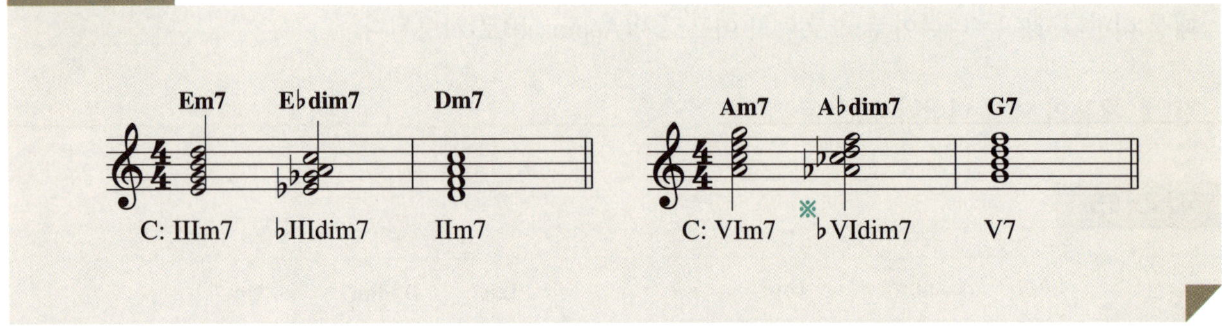

※ ♭VIdim7은 ♯V7(♭9)으로 볼 수 있다.
  ♯V7(♭9)은 VIm7으로 가려는 성질이 있어서 듣기 어색하기 때문에 이 진행은 잘 쓰이지 않는다.

2) 같은 근음을 가진 디미니시드

① I - Idim - I
다음 곡은 전형적인 I - Idim - I의 진행을 가진다.

예 4-19

Spring Is Here

| A♭dim | A♭ | A♭dim | A♭ ||

A♭: Idim   I   Idim   I

② IVdim - IV
다음은 IVdim - IV가 사용된 예이다

예 4-20

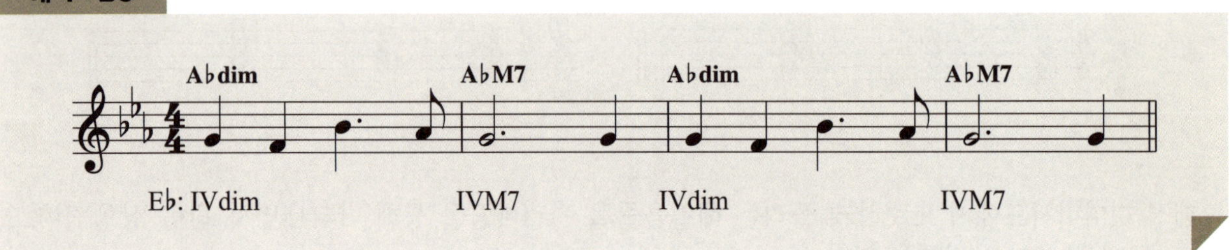

다음 곡은 일시적으로 Idim를 연주하고 Major7으로 가도 어울리는 곡이다.

예 4-21

다음은 흔히 들을 수 있는 IVdim - IV가 쓰인 보사노바 전주의 화음 진행이다.

예 4-22

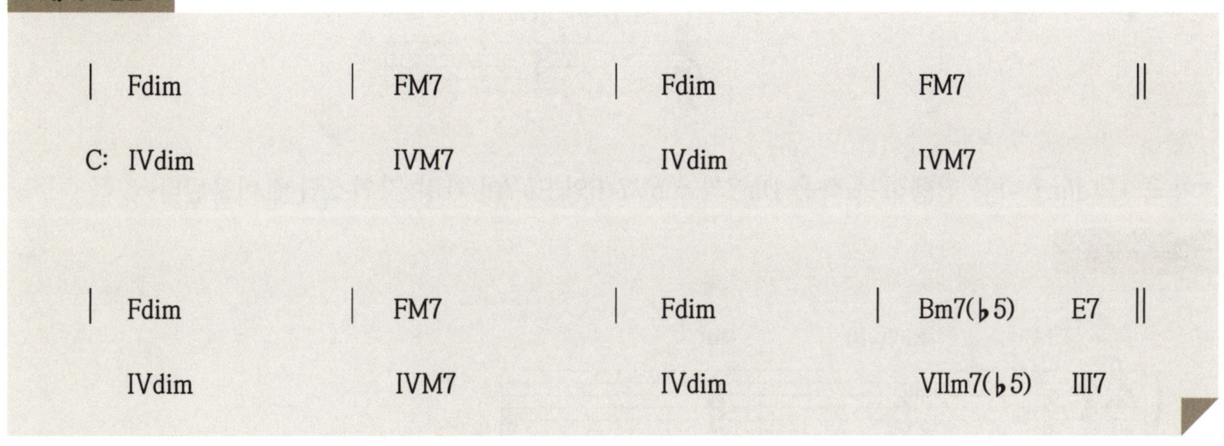

	Fdim	FM7	Fdim	FM7	
C:	IVdim	IVM7	IVdim	IVM7	
	Fdim	FM7	Fdim	Bm7(♭5) E7	
	IVdim	IVM7	IVdim	VIIm7(♭5) III7	

이 진행은 특히 인트로(Intro)나 뱀프(Vamp), 엔딩(Ending)에서 많이 쓰인다.
같은 근음 위에서의 디미니시드는 보조음(Auxiliary Tone)같은 역할을 하면서, 반복하여 사용되는 경우가 많다.

디미니시드의 대리화음을 생각해 보자. 디미니시드는 자리바꿈을 해도 같은 소리로 들리지만, 각 구성음의 방향이 다르기 때문에 전위해서 사용할 수 없다.

(1) ♯ 계통 디미니시드의 대리화음

1) ♯Idim7의 대리화음

C key에서는 다음과 같이 생각할 수 있다.
C♯dim7은 A7(♭9)에 포함되는 코드이다. 또 C7(♭9)에 포함되는 코드이기도 하다.
그러므로 C♯dim7의 대리화음은 다음과 같이 생각할 수 있다.

예 4-23

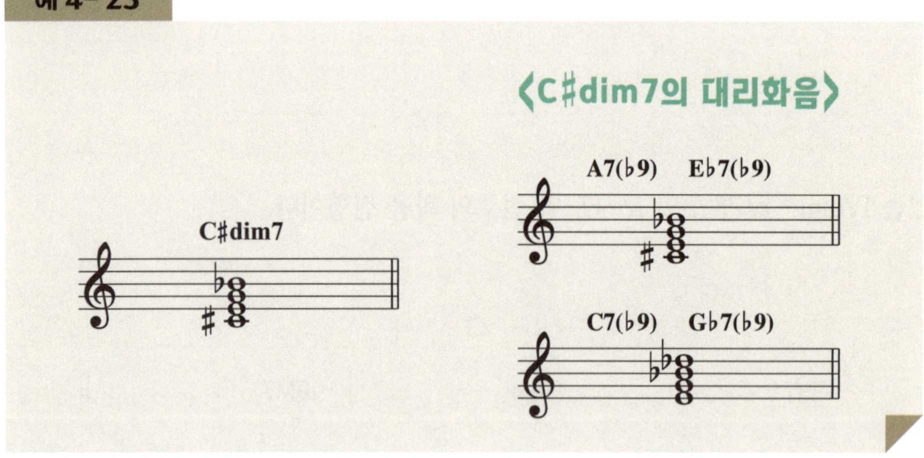

이 중 C♯dim7 다음 진행하는 화음 Dm7의 subV7/II인 E♭7이 가장 자연스럽게 어울린다.

예 4-24

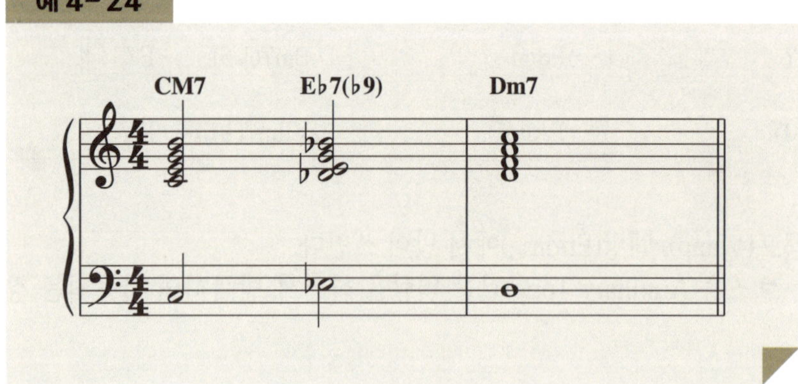

여기에서 E♭7은 Dm7으로 진행하기 때문에 E♭ Lyd♭7(♭9)을 써야 한다.
하지만 Lyd은 많은 변화를 하지 않고, 특히 Lyd♭7(♭9)은 Mixo처럼 들릴 수 있다.
다른 화음을 써보아도 마찬가지이며, 결국 적절한 대리화음은 E♭7(♭9)이 아닌 A7(♭9), 스케일은 A Mixo(♭9)을 써야 한다는 결론이 나온다.
또 A7(♭9) 앞에 Em7(♭5)를 넣어서 자연스러운 IIm7(♭5) - V7을 만들 수 있다.
그러므로 ♯Idim7의 대리화음으로는 IIIm7(♭5) - V7(♭9)/II(VI7(♭9))이 적절하다.

2) #IIdim7의 대리화음

C key에서 다음과 같이 생각할 수 있다.
D#dim7은 B7(♭9)에 포함되는 코드이다. 또 D7(♭9)에 포함되는 코드이기도 하다.
그러므로 D#dim7의 대리화음은 다음과 같이 생각할 수 있다.

예 4-25

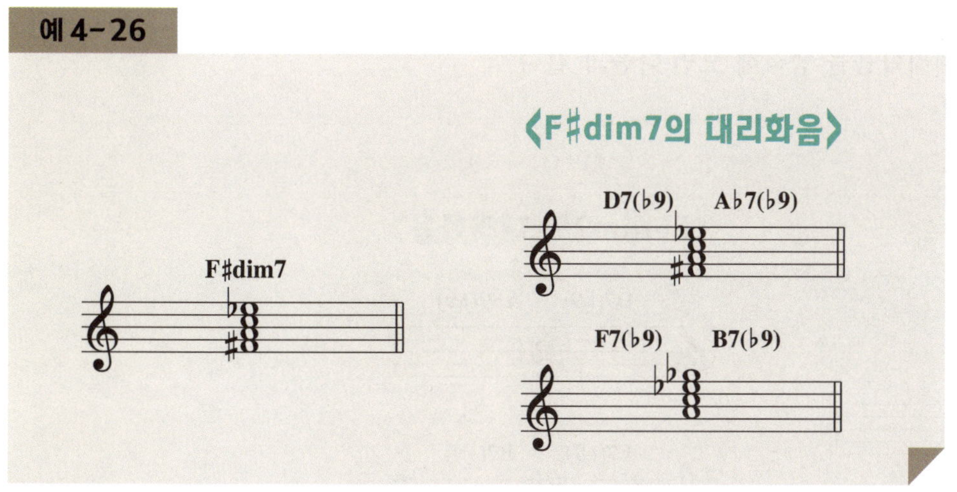

다음 진행하는 화음이 Em7이기 때문에 D#dim7의 대리화음으로 F7(♭9)을 쓰면, 스케일은 Lyd♭7(♭9)을 써야 한다. 그런데 앞서 말했듯이 Lyd은 잘 변하지 않는다. 그래서 #Idim7과 같은 이유로 적절한 대리화음은 B7(♭9), 사용할 수 있는 스케일은 Mixo(♭9)이다.
B7 앞에 F#m7(♭5)를 넣어서 F#m7(♭5) - B7(♭9) - Em7으로 진행하는 것이 가장 자연스러운 진행이다.
그러므로 #IIdim7의 대리화음으로는 #IVm7(♭5) - V7(♭9)/III(VII7(♭9))이 가장 적절하다.

3) #IVdim7의 대리화음

C key에서 #IVdim7의 대리화음을 생각해 보면 다음과 같다.

예 4-26

위와 같은 이유로, 가장 적절한 대리화음은 VIm7(♭5) - V7(♭9)/V(Am7(♭5) - D7(♭9))이다.

4) ♯Vdim7의 대리화음

C key에서 ♯Vdim7의 대리화음을 생각해 보면 다음과 같다.

마찬가지로 같은 이유로, VIIm7(♭5) - V7(♭9)/VI(Bm7(♭5) - E7(♭9))이 가장 적절한 대리화음이다.

(2) ♭ 계통 디미니시드의 대리화음

이 화음은 반음계적 진행을 가지는데, ♭ 계통의 디미니시드 외에 베이스의 움직임 위에서 나타날 때도 있다.

다음 진행을 살펴보자.

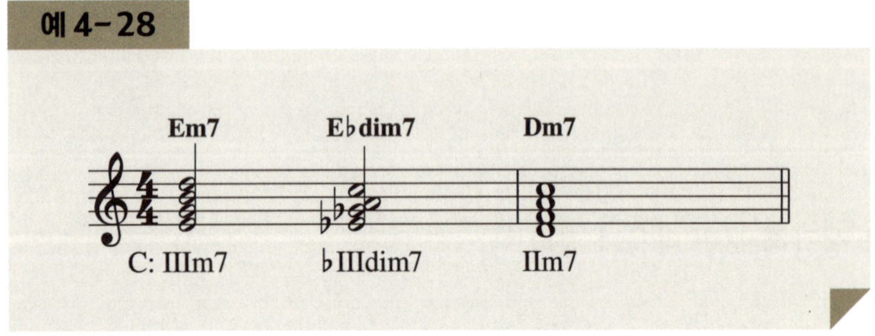

C key에서 ♭IIIdim7의 대리화음을 생각해 보면 다음과 같다.

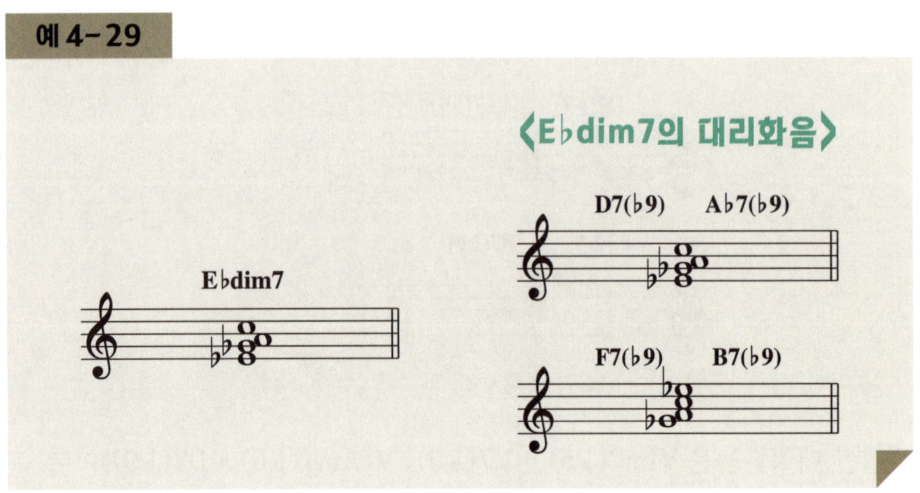

예4-29 의 화음 중에서 Dm로 진행하려는 화음은 찾아볼 수 없다.
D7(♭9)은 G로, A♭7(♭9)은 D♭으로, F7(♭9)은 B♭으로, B7(♭9)은 E로 가는 것이 일반적인 진행이다.
그래서 할 수 없이 이 중 Dm와 가장 가까운 화음으로 진행하는 F♯m7(♭5) - B7(♭9)(♯Ⅳm7(♭5) -
V7(♭9)/Ⅲ)를 대리화음으로 택할 수 밖에 없다.
V7(♭9)/Ⅲ에서 Ⅲm7이 아닌 Ⅱm7으로 진행하기 때문에 Lyd을 써야 정상이지만, Lyd에서는 ♭9을 쓸 수
없으므로 Mixo(♭9)을 쓴다.

(3) 심메트릭 디미니시드 스케일(Symmetric Diminished Scale)

여기에서 추가할 것은 **심메트릭 디미니시드 스케일**이다.
일정하게 이루어진 디미니시드란 말인데, 반음, 온음, 반음, 온음 등으로 이루어져 있다.

또 온음, 반음, 온음, 반음 등으로 이루어질 수도 있으며, 실제 연주에서 많이 사용된다.
디미니시드의 특성상 세 개의 스케일밖에 없으며, 연습해서 응용하기 쉬운 스케일이다.

예4-30

하프 디미니시드(Half Diminished)

(1) 하프 디미니시드에서 사용할 수 있는 스케일

하프 디미니시드는 m7(♭5)를 말한다.
다이아토닉에서 VIIm7(♭5)는 V7의 대리화음으로 쓰일 수 있지만, 실제로 그렇게 사용하는 경우는 아주 드물다.

모든 m7(♭5)는 Loc을 쓰며, ♭13음은 텐션으로 코드 스케일에 포함된다.

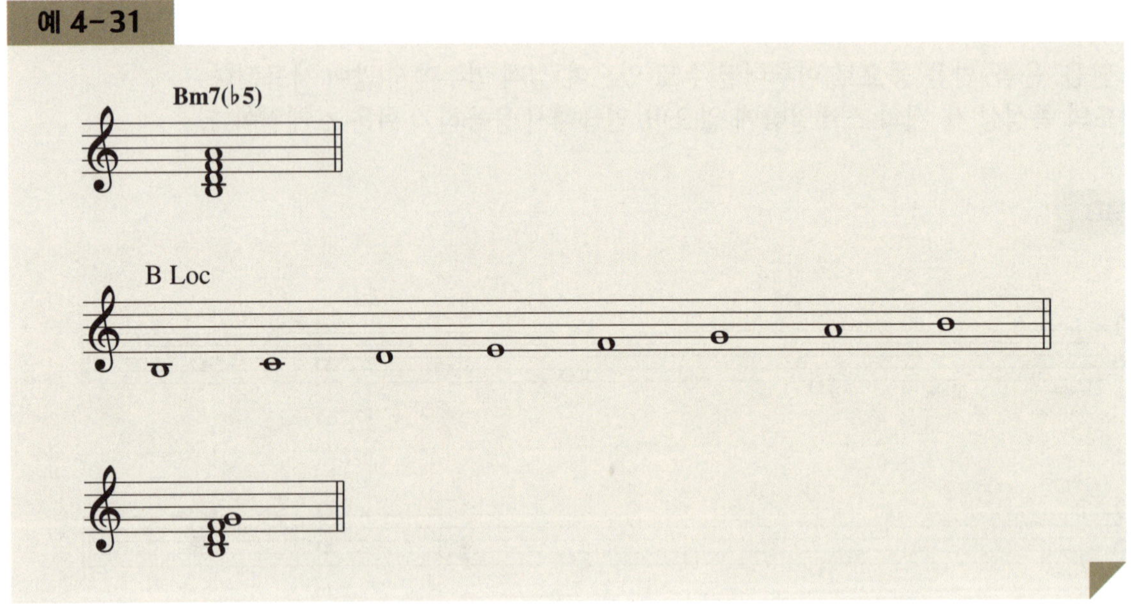

B Loc은 B♭Lyd(♯1)으로 생각할 수도 있지만, Lyd의 변하지 않으려는 성격 때문에 그렇게 생각하면 안 된다.

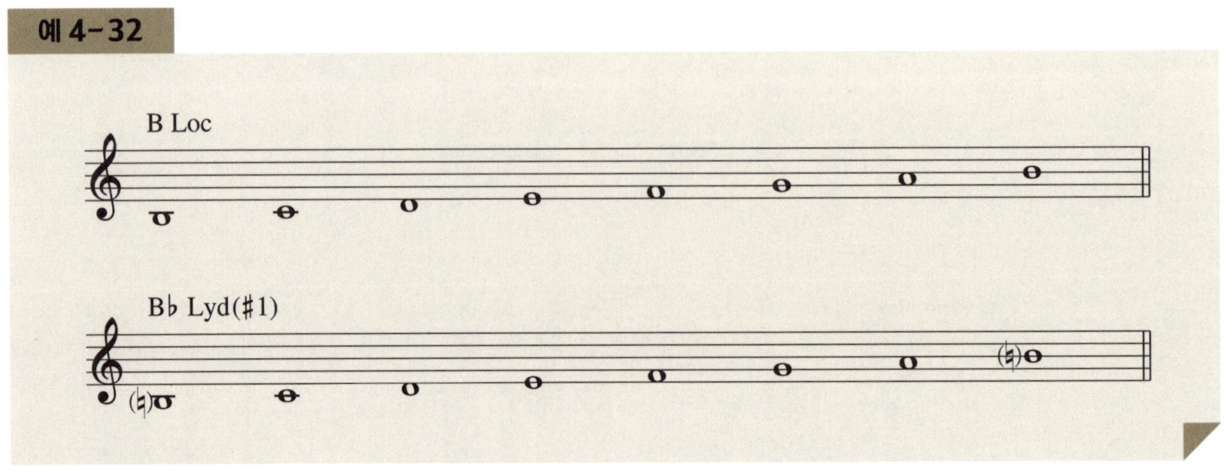

(2) 하프 디미니시드의 사용

1) V7/III의 앞에서 IIm 역할

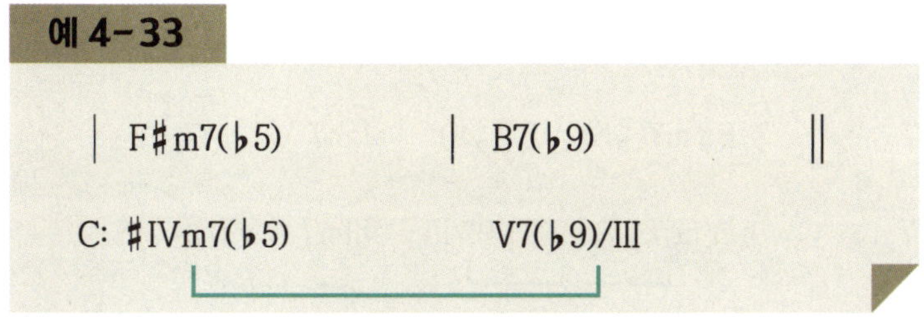

2) V7/I의 거짓 종지(Deceptive Cadence)

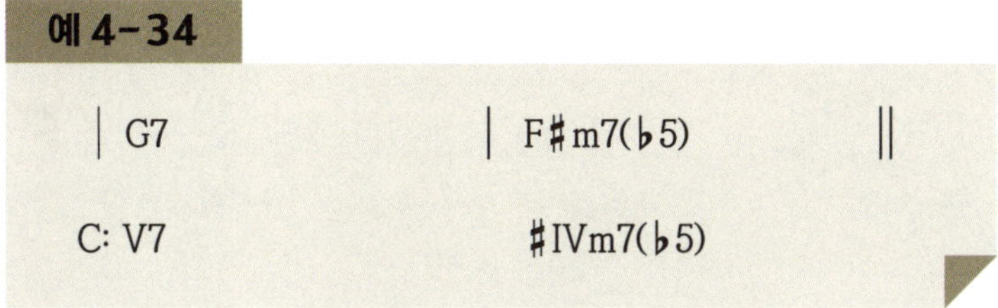

3) 마이너 화음으로 바로 진행하는 경우

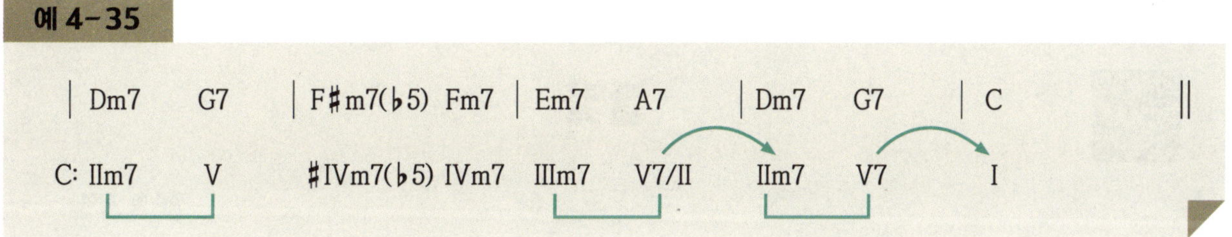

4) 트라이톤을 해결하고 V7(♭9)의 대리화음인 IVdim로 진행하는 경우

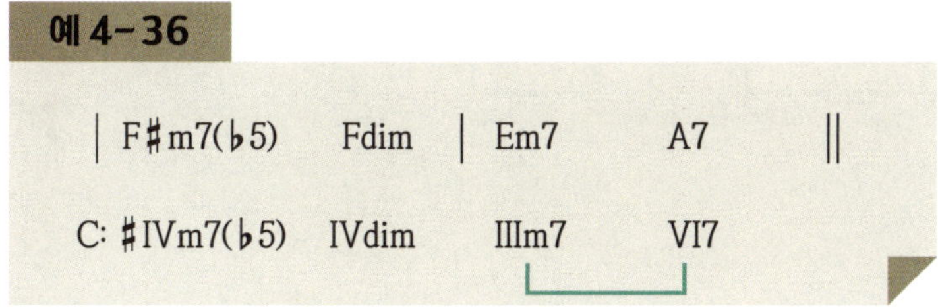

5) V7/V 혹은 subV7/V로 생각하는 경우

F♯m7(♭5)는 같은 트라이톤을 가진 D7 또는 A♭7으로 생각할 수 있다.

6) 연장된 엔딩

#IVm7(♭5)는 가장 흔히 쓰이는 하프 디미니시드이다.
이 화음은 곡의 맨 처음에 쓰이기도 하고, 연장된 엔딩(Extened Ending)에서도 쓰인다.

예 4-37

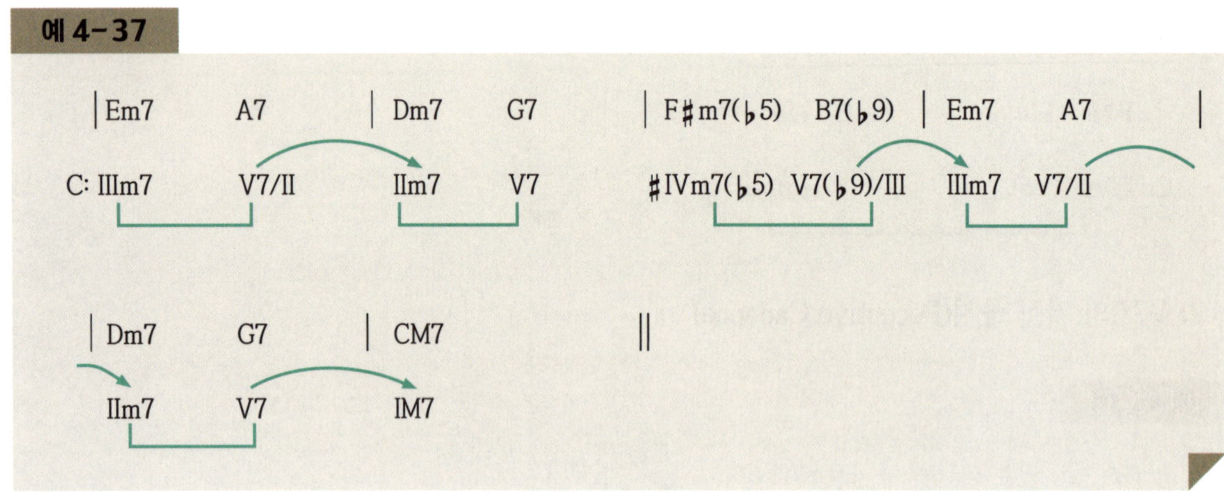

다음은 연속되는 IIm7(♭5) - V7이 사용된 곡이다.

예 4-38

다음 곡에서는 I 대신 ♯IVm7(♭5)가 사용되었다.

예 4-39

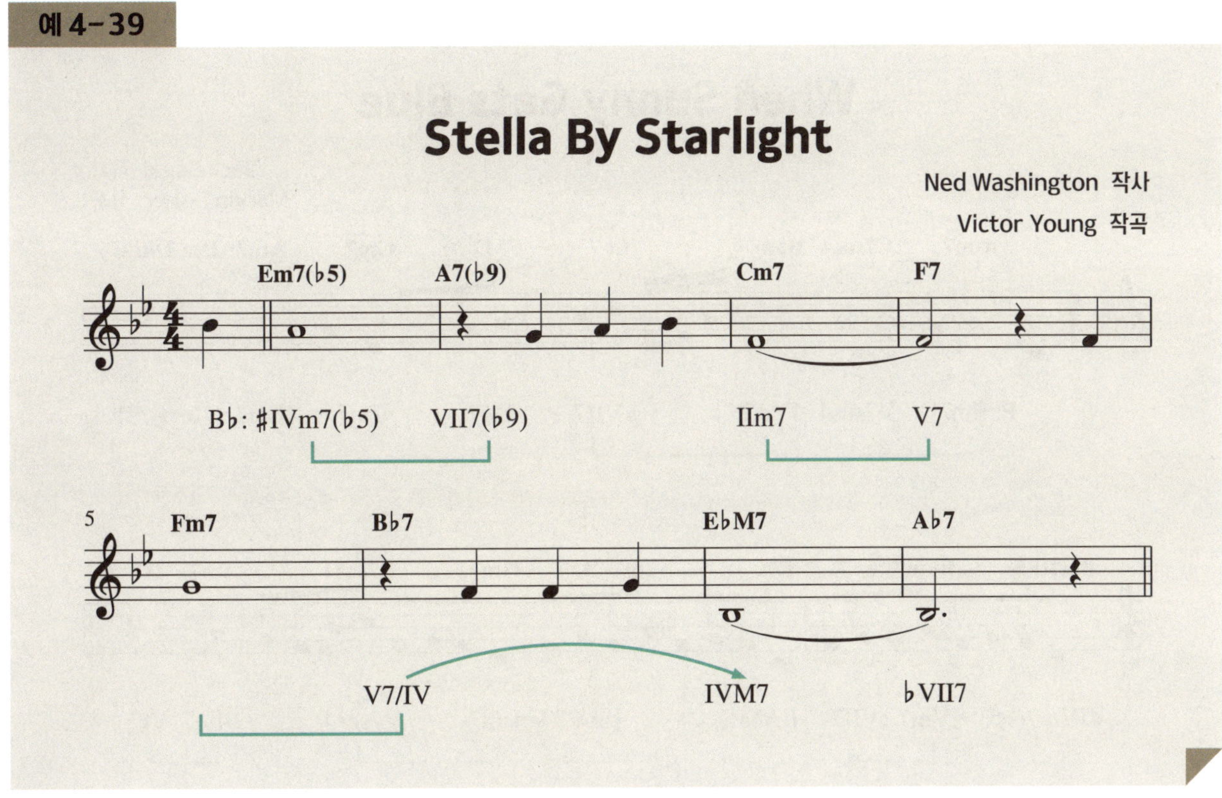

다음은 〈I Hear A Rhapsody〉를 하프 디미니시드를 사용하여 리하모나이즈(Reharmonize) 한 것이다.

예 4-40

When Sunny Gets Blue

In A Sentimental Mood

예 4-43

Over The Rainbow

예 4-44

My Son

이 곡은 필자가 쓴 곡으로서 곡의 마지막 엔딩 부분에 #IVm7(b5)로 끝나고 있다.
잘 들어보고 귀로 익히기 바란다.

음악은 귀로 하는 것이다. 아무리 좋은 이론도 귀로 알아들을 수 없고 머리로만 알고 있다면 연주할 때나 곡을 쓸 때 한계를 느낄 것이다. 다음 곡들을 듣고 그 곡에 무슨 코드와 텐션들이 쓰이고 있는지 귀로 알아들을 수 있도록 하고, 자신의 곡에 응용하기 바란다.

1) The Christmas Song

2) Con Alma

3) Falling Grace

4) Giant Steps

디미니시드의 텐션

디미니시드 화음에는 어떤 텐션을 사용할 수 있을까?
디미니시드 화음은 온음 위의 디미니시드 화음 구성음을 텐션으로 사용할 수 있다.

예 4-45

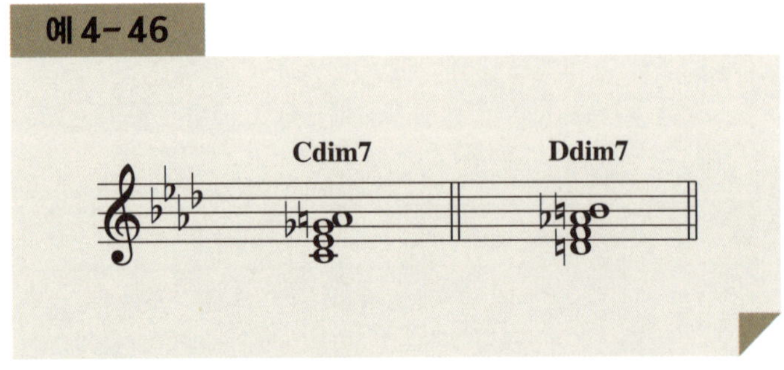

각 디미니시드 화음에서 사용할 수 있는 텐션은 다음과 같다.

> **예** Cdim7 : Ddim7의 구성음(D, F, A♭, B)
> E♭dim7 : Fdim7의 구성음(F, A♭, B, D)
> G♭dim7 : A♭dim7의 구성음(A♭, B, D, F)
> Adim7 : Bdim7의 구성음(B, D, F, A♭)

그런데 C key에서 A♭음은 조성에서 벗어나는 음이기 때문에 텐션으로 사용할 수 없다.
즉, 온음 위 디미니시드의 구성음 중 다이아토닉 음만 텐션으로 사용할 수 있다는 말이다.
디미니시드는 다른 화음에 비해 자유롭게 진행할 수 있는 화음이지만, 다이아토닉이 아닌 음을 텐션으로 사용하면, 그 부분의 조성이 너무 흐려지기 때문이다.

Cdim7에 적합한 텐션을 생각해 보자.

예 4-46

위의 예제는 A♭ key 혹은 Fm key이다.
Cdim7의 온음 위 디미니시드인 Ddim7의 구성음 중, A♭(Fm) key의 다이아토닉이 아닌 D음과 B음은 사용할 수 없다. 그러므로 사용할 수 있는 텐션은 F음과 A♭음이 된다.

다음은 G key의 #IVdim7인 C#dim7에 적합한 텐션을 알아보자.

예 4-47

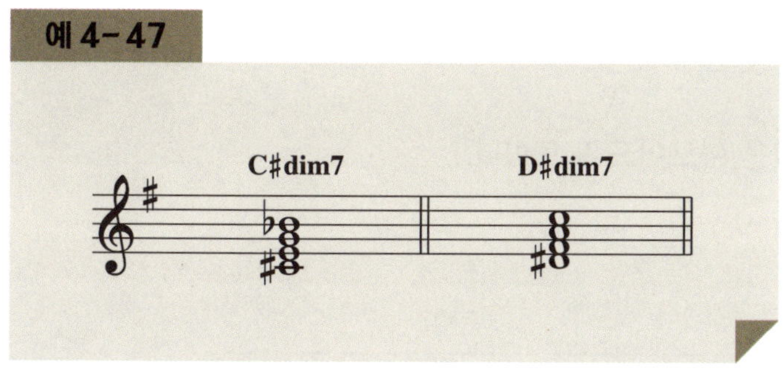

C#dim7 온음 위의 디미니시드인 D#dim7의 구성음 중, D#음은 G key의 다이아토닉이 아니므로 사용할
수 없다. 그러므로 사용할 수 있는 텐션은 F#음, A음, C음이 된다.

다른 화음에 비해 사용도가 높지 않은 디미니시드 화음에 멋진 멜로디를 만들 때는 텐션의 사용이 중요
하다. 적절한 텐션을 쓰면서 조화로운 멜로디의 흐름을 만들 수 있다면 일단 성공한 셈이다.
적절하게 텐션을 넘나들면서 멜로디를 작곡할 수 있는 능력은 중요하다고 볼 수 있다.

06 토닉 마이너(Tonic Minor)

마이너에서 토닉의 사용법에 대한 질문을 많이 받는다.
Im에 어떤 스케일을 사용할 수 있을까?
Im에 사용할 수 있는 스케일은 Aeo이며, ♭13음은 어보이드 노트이다.

예 4-48

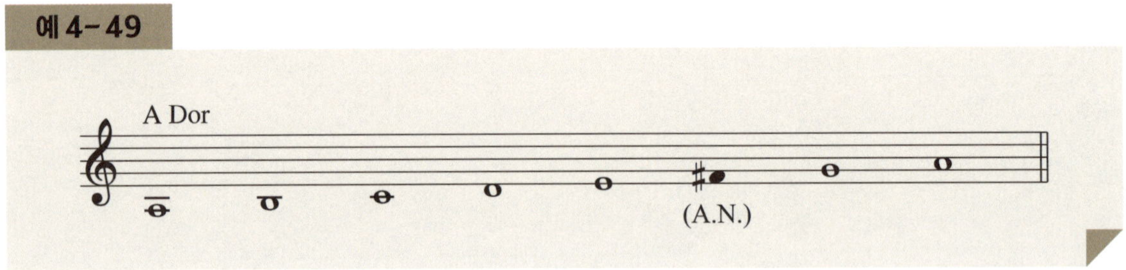

앞에서 배운 모달 인터체인지를 이용해서 다른 마이너 계열의 모드를 빌릴 수 있다.

Dor을 빌려와서 쓴다면 다음과 같다.

예 4-49

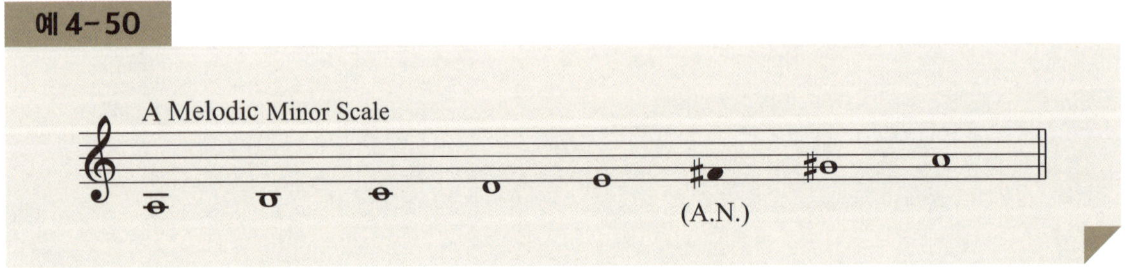

멜로딕 마이너 스케일을 빌려와서 쓴다면 다음과 같다. 역시 13음은 독립적으로 사용할 수 없다.

예 4-50

한 멜로디에 이 세 개의 스케일을 적용한 예제를 비교해 보자.

※ Aeo을 사용한 예

예 4-51

※ **Dor을 사용한 예**

예 4-52

원래 Dor의 6음은 어보이드 노트인데, 1마디 왼손 보이싱에 사용되었다.
여기에서 사용된 Dor은 IIm7의 역할이 아닌 Im(토닉 마이너)의 역할을 하는 단조 스케일인데, 마침 Dor을 사용한 것일 뿐이다. 토닉 마이너이기 때문에 6음을 사용할 수 있는 것이다.
하지만 Im가 아닌 IIm, IIIm, VIm에서 Dor이 쓰인다면, 당연히 6음은 어보이드 노트가 된다.

※ **멜로딕 마이너 스케일을 사용한 예**

예 4-53

이 예제들은 모두 자연스럽게 들리며, 이것을 **토닉 마이너**라고 한다.
다시 한번 강조하지만, 자신의 악기로 천천히 각 스케일을 익히기 바란다. 모든 스케일에 익숙해질 때쯤, 여러분은 연주나 이론적으로 지금과는 완전히 다른 음악인이 되어 있으리라 믿는다.

07 텐션의 응용

(1) 텐션(Tension)

텐션에 대해 구체적으로 알아보자.

텐션의 사전적 의미는 '긴장'이라는 뜻이다.

앞서 말했듯이 재즈를 연주하고 듣기 시작한 20세기, 사람들은 일상적으로 들어온 3화음(Triad), 속화음(Dominant)에서는 화음다운 울림을 느끼기 어려웠다. 변화된 사회에 맞추어 좀 더 울림이 풍부하고 다양한 화음을 듣기 원했기 때문이다.

IM7보다 IM7(9, ♯11, 13)처럼 풍부한 배음이 인위적으로 울리는 화음을 선호하며, 이런 풍부한 화음이 현대의 음악을 표현하는 데 어울리는 화음으로 생각한다.

이런 화음을 텐션이 포함된 화음이라 하며, 텐션 화음의 진행 도중 3화음이 나온다면, 큰 구멍이 뻥 뚫어져서 허무한 것 같은 느낌을 받게 된다. 또 3화음이 계속되는 진행은 옛날 음악 같은 느낌을 주며, 도저히 현대의 음악이라고는 느낄 수 없는 이질감을 갖게 된다.

이것이 화음을 복잡하게 쓸 수밖에 없는 이유이다.

물론 복잡한 음악만이 좋은 음악이라고는 볼 수 없지만, 듣는 이들은 좀 더 복잡하더라도 일목요연한 느낌을 주며 잘 정돈된 화음 진행을 선호한다.

(2) 어퍼 스트럭쳐 트라이어드(Upper Structure Triad)

CM7에서 ♯11을 쓰면, 사용할 수 있는 스케일은 C Lyd이 된다.

George Rusell처럼 후세에 아이들이 자연스럽게 Ion보다 Lyd으로 노래를 시작하게 될 것이라고 주장하는 이도 있듯이 다음 예에서 많은 텐션을 볼 수 있다.

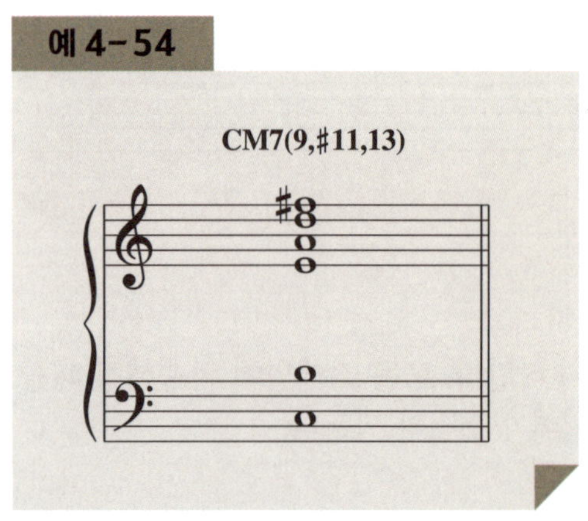

CM7의 텐션인 A음, D음, F♯음 세 음은 D 코드의 구성음과 같으며, 이와 같이 텐션으로 이루어진 3화음을 **어퍼 스트럭쳐 트라이어드**라고 한다. 이와 비슷한 D/C 화음을 쉽게 접할 수 있다.

연주, 작·편곡에서도 수많은 텐션을 사용하게 되는데, 그 텐션들을 적절한 성부진행(Voice Leading)으로 이끌어가면서 표현하는 데 익숙해야 현대의 실용음악이라 할 수 있겠다.

다음은 Dm7(9, 11)인데, 오른손 보이싱이 F 코드처럼 보인다.

다음은 Em7(11)인데, 오른손 보이싱이 G 코드처럼 보인다.

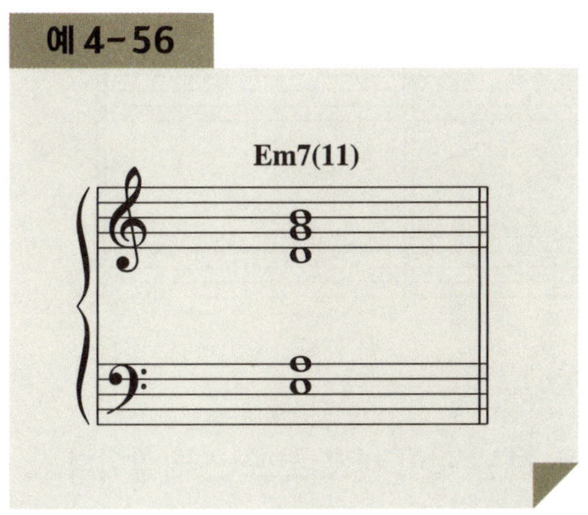

(3) 보이싱 인 포스(Voicing in 4th)

다음 예제는 FM7(9, 13)인데, 오른손 보이싱의 각 음들이 완전4도 관계로 이루어져 있다. 이를 **보이싱 인 포스**라 한다. 이는 각 성부가 지나치게 채워진 3도 음정으로 이루어진 화음보다 적절한 여백을 가지고 있으며, 5도 음정으로 이루어진 화음보다 허전함을 채워주는 중요한 화음 형태이다.

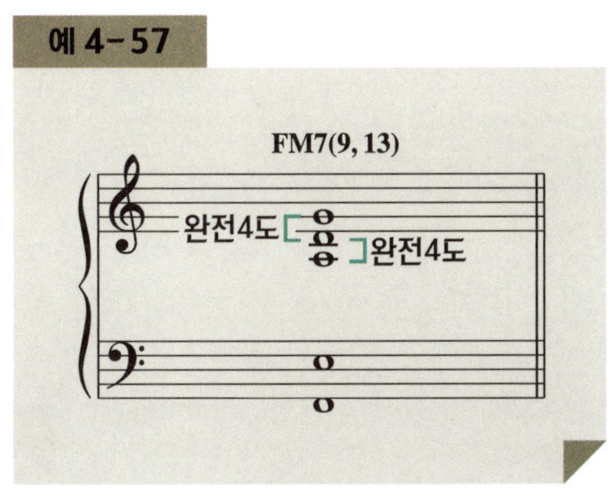

1. 다음 화음들에 적합한 텐션을 찾아보자.

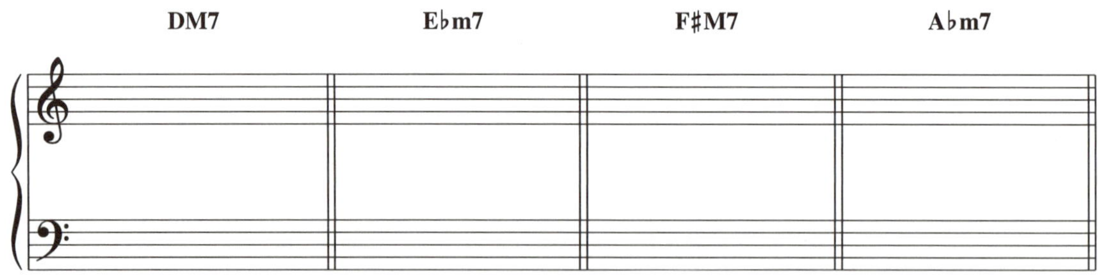

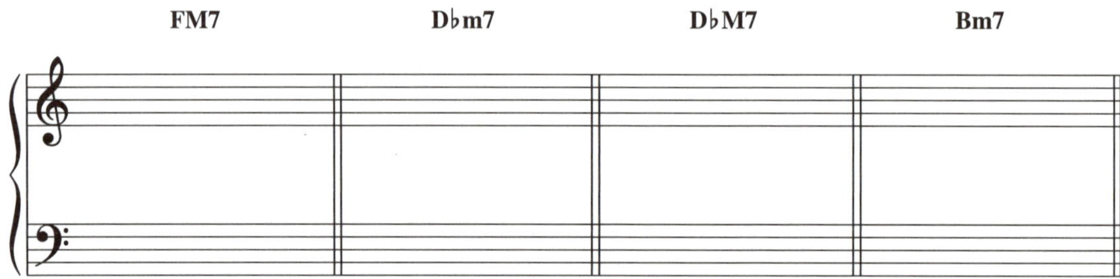

당연히 어보이드 노트는 쓸 수 없다. 여기에서 결정적인 역할을 하는 것이 바로 코드 스케일이다. 적절한 텐션을 사용하면서 때로는 과감히, 때로는 단순함을 강조하면서 대중을 음악인과 같은 편으로 만들어서 같은 생각을 갖게 만드는 것이 실용음악인의 결정적인 역할이 아닐까 한다.

다음 빈 오선은 여태까지 배운 이론들을 응용하여 곡을 쓰는 란이다. 지금까지 배운 이론으로 여러분은 많은 곡을 쓸 수 있게 되었다고 확신한다. 좋은 곡이란 다른 사람에게 감동을 줄 수 있는 곡이라고 하겠다. 이 책으로 공부하는 많은 이들이 젊은 학생들일 것이다. 젊은 감성을 당해낼 이론은 없다고 생각한다. 여러분이 가지고 있는 아름다운 감성과 탄탄한 음악 이론이 만난다면, 기존에 있지 않은 명곡이 탄생할 수 있으리라 확신하며 부족한 이론 책을 완성하려 한다. 여러분의 건투를 빈다.

Professor

Jung Joong Hwa

▌정 중 화

뉴욕 The New School 음악대학 졸업
뉴욕 Queens College 음악대학원 작곡 졸업

수많은 방송활동 및 연주 경력

- 베이스, 트럼본, 트럼펫 작 · 편곡 활동
- 에딘버러 재즈 페스티벌,
  자라섬 재즈 페스티벌,
  아리랑 프로젝트 뉴욕공연 & 유럽공연 등
  국제 페스티벌에서 왕성히 활동
- 팝스 오케스트라, 빅밴드 지휘 및 편곡

현재

서울예술대학교 음악학부 학부장
서울예술대학교 실용음악 전공 책임교수
(Seoul Institute of the Arts School of Music Professor)

들으면서 이해하는 정중화 실용음악이론 정성조, 정중화 편저

발행인 박현수
발행처 세광음악출판사 | 서울특별시 용산구 만리재로 178
Tel. 02)714-0048(내용 문의)   Fax. 02)719-2656
http://www.sekwangmall.co.kr
공급처 (주)세광아트 Tel. 02)719-2651   Fax. 02)719-2191

|**총괄**| 강성호
|**편집 및 교정**| 한송이, 김성은, 유은재
|**디자인**| 박현아
|**제작**| 김상준
|**마케팅**| 강성호, 윤미희

등록번호 제 3-108호(1953. 2. 12)
ISBN   978-89-03-17160-7 93670